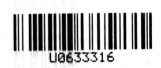

SOCIAL WORK

社会工作实务探索

廖建新 著

中国社会科学出版社

图书在版编目（CIP）数据

社会工作实务探索/廖建新著.—北京：中国社会科学出版社，2019.12

ISBN 978-7-5203-5985-6

Ⅰ.①社… Ⅱ.①廖… Ⅲ.①社会工作—研究—中国 Ⅳ.①D632

中国版本图书馆 CIP 数据核字(2020)第 026394 号

出 版 人 赵剑英
责任编辑 孔继萍
责任校对 夏慧萍
责任印制 郝美娜

出　　版 中国社会科学出版社
社　　址 北京鼓楼西大街甲 158 号
邮　　编 100720
网　　址 http://www.csspw.cn
发 行 部 010-84083685
门 市 部 010-84029450
经　　销 新华书店及其他书店

印　　刷 北京君升印刷有限公司
装　　订 廊坊市广阳区广增装订厂
版　　次 2019 年 12 月第 1 版
印　　次 2019 年 12 月第 1 次印刷

开　　本 710×1000　1/16
印　　张 12.5
插　　页 2
字　　数 186 千字
定　　价 68.00 元

前　　言

社会工作（Social Work）是一门助人的专业，相对于医学关注人类生理运作，心理学关注个人心理现象，社会工作关注的焦点在于人类与环境的互动，目的在于协助个人、家庭、团体、社区能适应所在的社会环境脉络，增强或恢复其社会功能的能量，创造有利于达成目标的社会条件的专业活动，以预防或缓解社会问题。

社会工作作为一种重要的社会职业，一般都被定位于公共社会福利系统，从事收入保障、儿童福利、家庭计划及其他社会福利工作。近年来，随着我国社会主要矛盾的转变，社会工作的服务领域逐渐扩大，康复服务、心理健康服务、家庭服务、矫治服务、医疗社会工作、学校社会工作、城乡社区发展、军队社会工作、企业社会工作等成为社会工作的新领域，社会工作发生了从困难群体到有需要的人群和从关注社会问题到关注社会和谐发展的转变。

作者从事社会工作教学与研究多年，并组织学生一道对社会工作的理论与实务进行了创新性探索与研究。本书探索的对象分别是政府购买社会工作服务、服刑人员的子女救助、城市管理执法模式及灾害社会工作防治，所使用的方法大致从现状与发展、文献回顾、社工介入、研究发现四个维度进行剖析。本书体现了研究视角的独特性、内容的新颖性、方法的可操作性及社工介入效果的明确性等特点。我们认为，本书为推进我国社会工作事业的发展提供了助力，为我国社会建设擘画新的蓝图提供了参考。

作　者

2019 年 5 月 9 日

目　录

第一章　项目制下政府购买社会工作服务研究 ……………………（1）
第一节　导论 ……………………………………………………（1）
第二节　项目制下政府购买社会工作服务的实践探索………（14）
第三节　项目制下政府购买社会工作服务的影响
因素分析……………………………………………（28）
第四节　项目制下政府购买社会工作服务的相关建议………（34）
第五节　结论…………………………………………………（40）
本章小结…………………………………………………………（42）
附　录……………………………………………………………（42）

第二章　社会工作介入服刑人员子女救助的研究………………（47）
第一节　导论…………………………………………………（47）
第二节　社会工作介入服刑人员子女救助模式………………（64）
第三节　青年地带项目介入服刑人员子女问题个案过程……（69）
第四节　结论与建议…………………………………………（94）
本章小结…………………………………………………………（97）
附　录……………………………………………………………（98）

第三章　社会工作介入城市流动摊贩的执法工作模式研究 …（104）
第一节　导论 ………………………………………………（104）
第二节　Y县城市管理行政执法机构及流动摊贩
基本情况 ……………………………………………（114）

第三节　Y县城市管理流动摊贩治理举措及存在问题分析 ……………………………………（123）
第四节　社会工作介入流动摊贩治理的必要性及可行性 …（128）
第五节　社会工作介入流动摊贩治理的理论及实践探索 …（132）
第六节　社会工作介入城市管理人性化执法成效评析及发展展望 ………………………………（142）
第七节　结论 ……………………………………………（144）
本章小结 ……………………………………………………（144）
附　录 ……………………………………………………（145）

第四章　灾害社会工作在台风防灾减灾救灾中的探索研究 …（148）
第一节　导论 ……………………………………………（148）
第二节　我国的防灾减灾救灾体系与国际经验 …………（157）
第三节　灾害社会工作介入X镇台风防御救灾 …………（164）
第四节　社区三防能力建设服务中心介入台风防御救灾的案例与分析 …………………………………（171）
第五节　灾害社会工作介入X镇台风防御救灾的总结与反思 ……………………………………………（182）
第六节　结论 ……………………………………………（186）
本章小结 ……………………………………………………（187）

参考文献 …………………………………………………（189）

后　记 ……………………………………………………（195）

第一章

项目制下政府购买社会工作服务研究

第一节　导论

一　研究缘起及意义

（一）研究缘起

我国经历了财政体制改革，在分税制改革之后，政府运用专项资金转移支付的方式，吸纳地方政府申请项目，项目制悄然走近我们身边。它以项目的策划到实施的全过程为工作核心，以项目预期目标的完成情况为考核内容，根据考核结果对项目负责人及项目团队予以评价和奖惩。通过这种方式，我国各级政府实现的社会治理，既保持了自身的专业权威，又充分调动了地方政府的积极性，最终实现了社会治理方式的转变和创新。在此背景下，项目制已普遍地运用于诸多领域，但本章所要探讨的项目现象既区别于政府部门的财政转移支付项目，也与经济、文化、教育领域中所说的项目资助相区别，它是集中于社会工作服务领域中的一种运用和体现。

我国自改革开放以来，社会经济快速发展和急剧变迁，社会问题和矛盾日益凸显。我国政府将关注的焦点逐步转移到社会公共服务领域，并通过创新管理的方式，促成政府管理由“治理型”向“服务型”转变，即政府通过将部分公共服务外包给社会工作机构来购买社会工作专业服务，为化解社会矛盾和满足人们需求开辟了新的服务途径。2003 年上海市政府部门向上海三家社会工作服务机构购买岗位服务，开拓了我国地方政府探索政府购买社工服务实践的先河。此后，有的城市紧跟步伐，不断探索和实践政府购买社工服务，购买服务的规模不断扩大，服务范围涉及儿童、老年人、家庭、社区及社区矫正等领域，并不断向纵深方向发展。

南昌市位于我国中部地区，政府购买社工服务的实践肇始于2015 年。2015 年 1 月，南昌市人民政府办公厅出台了《关于政府向社会力量购买服务的意见》。[①] 同年，南昌市财政局印发《2016 年南昌市市本级政府购买服务指导目录》，将 210 个项目交由社会力量承担，这 210 个项目包含六大类，内容涵盖公共教育、就业服务、社会救助、住房保障、公共文化、环境保护、服务“三农”、城市维护管理、法律服务等方面。[②] 2016 年 2 月，南昌市政府出台了《加强社会工作专业人才队伍建设的实施意见》，旨在建立一支优良的社会工作专业人才队伍，对于其充分发挥社会工作专业人才实现社会治理方式创新、构建社会主义和谐社会具有独特的意义。[③] 这些政策的出台，充分表明地方政府为政府购买服务的发展提供了强大的政策支持。

笔者于 2016 年下半年在江西省社会工作协会开展社会工作调研，因此对南昌市的社工机构具有一定的接触和了解。同年 7 月和 12 月笔者参与了 2015 年江西省福利彩票公益金（下称“福彩公益金”）购买社会工作服务项目的评估工作，在实地评估过程中对在社

① 南昌市政府信息公开网站，http：//xxgk. nc. gov. cn/Index. shtml。

② 南昌市财政局网站，http：//czj. nc. gov. cn/Index. shtml。

③ 南昌市民政局网站，http：//mzj. nc. gov. cn/Index. shtml。

工服务项目运作具体情况、专业化服务的水平以及社会工作服务上存在的问题有了初步的了解。笔者感到在深入探讨政府购买社会工作服务方面尚有许多问题需要探索。这些问题是：当前，项目制下政府购买社会工作服务的运作机制和实践过程是什么？项目制下政府购买社会工作服务的服务水平和成效受到哪些因素的影响？如何促使项目制下政府购买社会工作服务朝着良性方向发展？本章希望在回应这些问题时，能积极探讨政府购买社工服务的理论依据、项目运作过程、项目运作过程中的影响因素及提出相关建议和对策。

（二）研究意义

理论意义：现阶段，学界对于政府购买公共服务领域的研究较多，大多集中于政府购买公共服务，对于政府购买社工服务的研究十分有限。本章试图从社会工作专业的角度来寻求能够解释和分析政府购买社工服务的理论支撑，进而为政府购买社工服务提供理论依据；亦希望通过对政府购买社工服务的研究和分析，为进一步完善项目运作机制提供理论上的借鉴与支持。

实践意义：我国内地政府购买社工服务的发展尚处于探索阶段，在这个阶段中，笔者认为很有必要对政府购买社工服务实践中存在的问题进行分析。基于此，本章从项目的角度出发，全面审视政府购买社工服务的内容和影响因素，为其他地区提供相关经验支持，从而促进项目功能的良性运转，实现人民幸福指数的提升。

二　文献综述

政府购买社工服务是一个从西方国家传入我国的名词，为了更加深刻地把握政府购买社工服务的科学内涵，本章首先从国外购买社工服务的发展过程和实践成果入手，然后说明我国在该领域所取得的研究成果，最后在研究的基础上寻求本章的研究空间。

（一）国外研究

国外社会工作服务属于政府购买公共服务的一个类别，通常情况下将其统称为公共服务合同外包。国外对政府购买公共服务的研究肇始于20世纪60年代及70年代末，伴随着民营化的热潮，政府购买公共服务在西方国家逐渐兴起。经过几十年的发展，国外对政府购买公共服务的研究发展相对较快，其成果主要体现在以下几点：

1. 关于政府购买公共服务的内涵研究

目前，国外学者对政府购买公共服务的概念尚不清晰，一般阐释为，政府购买公共服务是公共服务合同外包或合同外包，即政府通过与企业或社会组织签署合同，由企业或社会组织提供公共服务，政府负责监督服务的有效性和持续性。合同外包又分为广义和狭义两个层面。就广义合同外包而言，米尔德里德认为公共服务外包的对象除了企业、社会组织外，还包括地方政府间的合作或协议。[①] 就狭义的合同外包而言，萨瓦斯认为外包对象仅仅为营利部门和非营利部门的合同外包。[②]

2. 关于政府购买公共服务的理论基础研究

作为公共产品理论的代表林达尔最早提出了公共产品的概念。新公共管理理论的创立者奥斯本和盖布勒等人认为该理论是促使政府公共服务外包的一个诱因。该理论将公共产品划分为两类，一类由政府提供，另一类由政府委托非政府组织提供。其中，政府扮演的是掌舵者的角色，它是公共产品的监管者而不是提供者。民营化理论的代表萨瓦斯将公共服务的供给和生产这两大要素区别开来，

---

① Hefetz. A. and Mildred Warner, Beyond the Market versus Planing Dichotomy: Understanding Privatisation and Its Reverse in Us Cities, *Local Government Studies*, Vol. 33, No. 1, 2007, pp. 555 – 572.

② ［美］E. S. 萨瓦斯：《民营化与公私部门的伙伴关系》，周志忍译，中国人民大学出版社2002年版，第34页。

政府在其中承担安排与监督生产的责任。[①] 此外，支撑政府购买社工服务的“福利多元主义”和“公共治理理论”两大理论，主要是针对工业革命时期的市场失灵和后工业革命时期的政府失灵两大问题采取的措施。[②]

3. 关于政府购买公共服务的模式研究

根据地域的划分方式，政府购买公共服务的模式分为以美、英为代表的盎格鲁—撒克逊模式、欧洲模式、东亚模式这三种模式。第一种模式强调公共服务应当引入市场机制，采取市场化运作方式；第二种模式将其划分为大陆欧洲模式和北欧模式，前者认为公共服务的供给具有相应的限制，不可全部市场化，后者认为公共服务应当完全由政府承担；第三种模式认为政府应直接干预公共服务。

4. 关于政府购买公共服务的其他研究

关于公民对公共服务合同外包的认知态度。美国学者保罗（2010）针对公民的认知态度对公共服务合同外包的影响进行了研究，认为公民的认知态度有一定的规律性：一是思维的惯性。习惯性思维主要由政治社会化过程和意识观念形成，公民在计划经济时代遗留下来的观念，以及对经济转型时期的难以适应，使他们不能完全习惯这种新的方式。同时，部分公民对公共服务外包产生不信任感，对合同外包的认知度较低。二是个人利益的驱动。政府工作人员出于对个人利益的考虑，对合同外包表示不支持，认为合同外包将侵害其目前所拥有的权益。三是公民的品质。在崇尚个人主义的社会，个人对自身的利益进行反思以及社会对公共利益的宣扬，都会对公民的品质产生影响，这对公共服务外包也有一定的影响。

---

① ［美］E. S. 萨瓦斯：《民营化与公私部门的伙伴关系》，周志忍译，中国人民大学出版社 2002 年版，第 34 页。

② 唐永：《从社会福利社会化视角思考政府购买社工服务的行为》，《社会工作》2010 年第 3 期。

（二）国内研究

2003 年上海市政府向上海三家社工机构购买岗位服务的事件拉开了国内政府购买社会工作服务的序幕。2012 年民政部、财政部联合发布《关于政府购买社会工作服务的指导意见》，对政府购买社会工作服务作出了相关要求和指导，为各地政府提供了方向性的指南。对于政府购买社会工作服务的研究从无到有，分别体现在以下四个方面：

1. 政府购买社会工作服务的内涵研究

首先对社会工作服务（以下简称“社工服务”）的概念进行一个清楚的认识，这样才能更加深刻地理解政府购买社工服务的内涵。学界对于这个概念的界定比较少，赵一红认为社会工作服务由两部分组成：“社会工作”和“服务”，她认为社工服务应当以需求为指向，在专业理论与方法的指导下开展服务活动。[①]

社工服务是一种公共服务，符合政府采购公共服务的定义。李太斌认为政府利用专项财政资金，通过公开招标或定向选择，以岗位或项目的形式，挑选相符的民办社工机构开展服务，政府监督项目效果和提供资金支持。[②] 陈琴认为政府购买社工服务是利用财政资金和公开招标，向社会工作机构购买服务，由具有专业技能和技术的社会工作者为居民提供个人、家庭及社区服务，以满足公共服务功能的需求。[③]

2. 政府购买社会工作服务的理论基础研究

范雅娜以深圳市南山区为例，从社会学、经济学和政治学三个方面分别提出了政府购买社工服务的理论基础，分别是新型政社关

---

① 赵一红：《政府购买社会工作服务模式分析》，《社会工作》2012 年第 4 期。

② 李太斌：《政府购买服务推动社工机构发展》，《中国社会导刊》2008 年第 4 期。

③ 陈琴：《政府购买社工服务的实践分析与困境研究》，硕士学位论文，华中师范大学，2014 年。

系的建构、斯蒂格列茨的“政府经济学”和有限政府理论。[①] 蔡慧在此基础上，提出从社会发展视角与社区发展、福利经济学与福利多元主义、社会生态系统与系统“差序格局”的三个方面来作为政府购买社工服务的理论依据。[②]

3. 政府购买社会工作服务的模式研究

当前，学界对政府购买社工服务模式的讨论较多。陈小强从社工服务的购买者和提供者关系的角度，提出形式性购买、非竞争性购买和竞争性购买三种模式。[③] 代曦从我国政府购买社工服务的实践出发，指出目前主要有两种购买模式：购买岗位和购买项目。项目购买模式又分为三种：竞争性购买模式、谈判购买模式、协议委托购买模式。[④] 刘庆元、温颖娜指出：政府购买服务以项目的形式进行，这样能够有利于政府招标行为、项目的实施以及后期的评估。[⑤] 各地根据地方特色，探索出具有本土特色的模式，如上海模式、广东模式。大多数学者认为政府购买项目的益处大于政府购买岗位，并坚持认为购买项目方式将成为政府购买社工服务的发展趋势。

4. 政府购买社会工作服务的实践研究

易松国认为深圳政府支持购买社工服务的“双核”是政府购买、民间经营，他分析了深圳市政府购买社会服务问题的原因以及“由谁买、向谁买还有怎样买”的问题。[⑥] 范雅娜分析了政府购买社工服

---

① 范雅娜：《政府购买社工服务探索研究——以深圳市南山区为例》，硕士学位论文，吉林大学，2009 年。

② 蔡慧：《我国政府购买社工服务的实践研究与反思》，硕士学位论文，南京大学，2013 年。

③ 陈小强：《我国政府购买社会工作服务初探》，《中国政府采购》2008 年第 6 期。

④ 代曦：《政府购买社工服务的模式选择》，《今日中国论坛》2011 年第 7 期。

⑤ 刘庆元、温颖娜：《“政府购买社工服务”中的机构诉求》，《社会工作上半月（实务）》2007 年第 11 期。

⑥ 易松国：《“双核”支撑深圳政府购买社工服务》，《社会工作上半月（实务）》2007 年第 11 期。

务的相关问题，她以深圳市南山区为例，提出了三个理论支撑，在论文中详细地介绍了该区政府购买社工服务的前因后果以及实践过程等内容，在文献研究的基础上，运用深度访谈方法发现了该地区政府购买社工服务方面存在的几大问题：购买社工服务经验相对欠缺、社工机构发展比较滞后、社会公众对社工的认知度较低、专业社工的职业信念的缺失等。她在发现问题的基础上提出了建议和解决问题的思路。[①] 蔡慧以广州明镜社工服务中心为例，介绍了该社区的实践，对政府购买社工服务进行了评价，发现了居委会和街道对居民、社会工作者受政府购买社工的影响，反映了政府购买社工服务存在的问题，了解了服务运营水平以及体制机制，在此基础上提出了相应的解决问题的策略。[②]

（三）国内外研究述评

已有研究的贡献：一是从国内外政府购买社工服务的文献资料，可以看出国外有关研究主要集中在“What”“Why”“How ”上。我国政府购买社工服务尚处于初步探索阶段，多数学者的研究集中于政府购买社工服务的理论基础、模式介绍、实践探索，这表明学界关于政府购买社工服务的实证研究取得了一定的成效。这对本章的研究有着重要的启发作用，为积极探索政府购买社工服务提供了研究空间。

已有研究的不足：一是对于政府购买社工服务的理论基础研究不足。大多数学者主要从经济学、管理学、政治学的学科视角进行研究，较少从社会工作的理论视角来解释；二是在实践探索方面较多集中在东部发达城市，学界对于中西部地区政府购买社工服务方

---

① 范雅娜：《政府购买社工服务探索研究——以深圳市南山区为例》，硕士学位论文，吉林大学，2009 年。

② 蔡慧：《我国政府购买社工服务的实践研究与反思》，硕士学位论文，南京大学，2013 年。

面的研究十分有限；三是从研究的角度看，较多学者从宏观的角度研究政府购买社工服务，较少从项目制的视角开展全面的研究。对于政府购买社工服务中服务项目的针对性较为欠缺，对于专门研究政府购买社工服务项目则更为稀缺，这为进一步探索提供了研究的空间。

因此，笔者在检索相关研究成果的基础上，开展政府购买社工服务项目的专门研究，对于政府购买服务项目运作的整个过程分析，发现项目在运营和管理过程中存在的问题以及寻找解决的途径具有不可忽略的重大意义。

三　相关概念界定

（一）政府购买社会工作服务

各级政府为了应对居民日益增长的需求和复杂的社会问题，将原本由政府承担的部分公共服务职能转移出去，以公开招标或定向委托的形式向民办社会工作服务机构（以下简称“社工机构”）购买专业化的服务，社工运用社会工作专业理论和方法为不同群体提供多样化的服务，以此来满足不同群体的服务需要。这种方式的转变正是政府向服务型政府转变的体现，亦是一种新型的创新管理方式，这种方式实现了政府与社工机构之间的良性互动。在这种模式中，政府与社工机构处于相对平等的地位，它们各司其职，目标一致，共同推进项目的良性运转，达到共赢的效果。

（二）项目制

笔者研究发现，项目制是我国财政体制改革特别是分税制改革之后的新生事物，它随着我国政府转变社会治理方式脚步的不断加快，学界对项目制的研究兴趣日益浓厚。不同的学者对项目制的界定有差异，折晓叶、陈婴婴认为，项目制是一种不同级别政府部门之间的财政资金转移支付的运作和治理方式。① 陈家建认为，中央政府采用专项支付或者项目资金的形式对省、市、县乡政府和基层社会的专项转移支付就是项目制。② 陈为雷认为，项目制不仅能够促使基层政府发挥自主性和积极性，而且这种方式是中央与地方之间关系的一个改变。省级政府或市县级政府对乡镇政府的专项经费支出也被称为项目制。③

概而言之，本章所指的项目制是特指社会工作领域中的项目现象，它既不同于政府财政转移支付项目，也不同于经济、文化、教育领域中的项目资助。随着经济和社会的不断发展以及人民生活水平的提高，各种社会问题日益凸显，人们的需求呈现多元化，政府在这种背景下通过购买服务的方式将社工服务让渡给社工机构。社工机构以项目的形式申请资金并提供专业服务，政府以项目的形式对社工机构进行资金供应并监督社工机构项目实施情况。在这种方式下，政府资源的供给和社工服务的提供是通过项目的形式相互联系的，这使项目成为资源与服务的桥梁。从项目运行过程来看，项目运行过程包括需求评估、项目计划、项目实施和项目评估四个阶段。④

四　理论基础

（一）需求层次理论

本章所指的需求层次理论是一个非常经典的理论，该理论由美国心理学家亚伯拉罕·马斯洛提出，是最为经典的行为科学理论之

---

① 折晓叶、陈婴婴：《项目制的分级运作机制和治理逻辑——对“项目进村”案例的社会学分析》，《中国社会科学》2011 年第 4 期。

② 陈家建：《项目制与基层政府动员——对社会管理项目化运作的社会学考察》，《中国社会科学》2013 年第 2 期。

③ 陈为雷：《社会服务项目制的建构与效应分析》，博士学位论文，南开大学，2013 年。

④ 同上。

一，该理论认为人的需求有高有低，人的最低需求为生理需求，最高需求为自我实现需求，共分为五个等级。马斯洛需求层次理论已广泛运用到社会工作领域当中。在社会工作项目开展过程中，离不开对服务对象的认知，其中关键一点就是要求社会工作者充分、准确地把握服务对象的需求。在这个前提下，项目开展才有了方向和目标，该理论能够帮助社工在开展服务、帮助服务对象之前，充分了解服务对象的需求。在项目开展的过程中，社工要把了解居民最急迫、最强烈的需求摆在首位，只有充分掌握居民的需求，才能明确服务方向。马斯洛的需求层次理论在政府购买社工服务的过程中，可以被用于了解和分析服务对象的需求。

（二）社会发展视角

社会发展视角是由詹姆斯·梅志里在已有的发展观念基础上提出的。[①] 他认为社会发展与经济发展同样重要，二者处于同等的地位。社会发展是“一个旨在改善作为整体的人口的福利并伴之以一个动态的经济发展过程的有计划的社会变迁过程”。社会和经济的发展是一个问题的两个方面，如果没有经济的发展，社会发展无从谈起；同样，只有社会福利和生活品质提高了，经济发展才有后劲。二者相互补充、密不可分。从本章的角度来看，运用社会发展视角来看待政府购买社工服务，是将社会发展与经济发展相协调的做法。

社会发展视角是社会工作理论中的一个理论，该理论与本章中所指的研究对象相互吻合，笔者认为，可将二者结合起来理解和分析。在该理论的视域中，社会的发展过程被看作是一个可干预的过程，它强调社会的进步可以在人们有计划、有组织的干预中进行，并由此增进福利。因此，政府购买社工服务作为一种充满智慧与科学的设计，体现出人的主观能动性，是促进社会发展的一条新路径。

① 何雪松：《社会工作理论》，上海人民出版社 2007 年版，第 101 页。

（三）生态系统理论

社会工作中的生态系统理论通常用以考察人类行为与社会环境的交互关系，最早由布朗芬布伦纳（Bronfenbrenner）提出，深受查尔斯·达尔文的生物进化论“适者生存”观念的影响，是一个具有折中性的理论。该理论把人类成长、生存于其中的社会环境（如家庭、社区、机构等）看作是一种社会性的生态系统，强调生态系统对于分析和理解人类行为的重要性。该理论认为，人与环境不断产生互动，二者通过互动能够交换信息，且不断更新信息。人在环境的影响下生存，其中包括宏观、中观和微观系统，人与环境系统相互影响（见图1—1）。

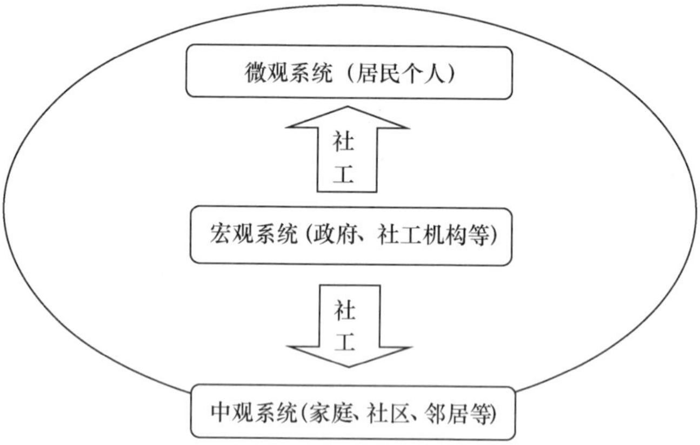

图1—1　生态系统理论视角下的政府购买社工服务

如图1—1所示：政府购买社工服务的开展涉及不同的群体，就如同在一个大的系统中开展社工服务。每个人都是大系统中的一部分，其中，微观系统是指居民个人，中观系统由家庭、社区、邻居等组织组成，宏观系统由政府和社工机构组成。在社工服务项目开展时，由宏观系统将社工服务输送给有需要的居民个人这个微观系统或居民所处的中观系统中。

五 研究思路与方法

（一）研究思路

本章按照“提出问题—实践探索与反思—影响因素分析—提出相关建议”的思路来开展研究。具体而言，本章在查阅政府购买社工服务方面文献的基础上，分别从国内和国外两个角度梳理政府购买社工服务的研究成果，总结出学界以往研究的贡献和不足，提出需要解决的问题；运用社会工作理论分析并解释政府购买社工服务的理论依据。在此基础上，以南昌市承接的福彩公益金项目为研究对象，详细介绍福彩公益金项目运作机制与实践过程。从与服务项目牵涉的多元主体的角度分析影响政府购买社工服务的因素，在社会工作理论的指导下，从多元主体的角度提出初步性的对策建议，为项目制下政府购买社工服务的良性运行提供理论和实践的借鉴。

（二）研究方法

本章主要运用的是质性研究方法。相对于定量研究，它能够完整地把握社会现实，获得更加广泛、深入、具体的信息。在资料收集方面，本章主要运用文献法、参与式观察法、半结构化深度访谈法三种研究方法。

第一，文献法。笔者充分利用学校图书馆、政府部门官方网站等资源，对政府购买社工服务以及社工服务项目的文献研究和相关的政策文件进行整理和总结。同时，在对社工机构进行中期和末期评估期间，收集各种文字、图片及其他与项目相关的资料，对近几年的项目评估资料进行整理与研究。

第二，参与式观察法。笔者在服务项目中收集了相关的信息，对项目的开展过程有了最初的认识，在此期间，通过转换角色，从项目的参与者变为研究者，站在自己的研究角度来分析这些事物背后更深层次的问题，深入挖掘现象背后的本质特征。

第三，半结构化深度访谈法。访谈以半结构式为主，设计好访谈提纲，但不拘泥于提纲，在不偏离访谈主题的基础上保持一定的灵活性和开放性，通过与访谈对象面对面的交谈，了解福彩公益金项目运作的具体情况并对政府购买社工服务进行反思，笔者访谈了福彩公益金项目相关的政府部门人员、社工及服务对象。

第二节　项目制下政府购买社会工作服务的实践探索

本章着眼于南昌市政府购买社工服务的整体情况，拟对南昌市政府购买社工服务的现状进行回顾。在此基础上研究政府购买社会工作服务的运作机制，进而从整体上把握整个项目。

一　南昌市政府购买社会工作服务的发展现状

（一）南昌市政府购买社会工作服务的政策性支持

2006 年，党的十六届六中全会提出“建立一支宏大的社会工作人才队伍”。2015 年，南昌市政府出台了《关于政府向社会力量购买服务的实施意见》，通过市场竞争的方式，使社会各个阶层和不同群体都能够平等参与到购买服务当中来，普及更多的群体。同年，南昌市财政局印发《2016 年南昌市市本级政府购买服务指导目录》，（以下简称《指导目录》）。《指导目录》分为基本公共服务、社会管理性服务、行业管理与协调性服务、技术性服务、政府履职所需辅助性服务事项、其他适合社会承担的服务事项 6 大类 210 个目录，内容涵盖了公共教育、就业服务、社会救助、住房保障、公共文化、环境保护、服务“三农”、城市维护管理、法律服务等方面。2016 年 2 月，南昌市政府出台《加强社会工作专业人才队伍建设的实施意见》，旨在建设一支素质优良的社会工作专业人才队伍，有效地促进社工专业人才在现实社会中的重要作用。

（二）民办社会工作机构的发展

2010 年 1 月 16 日，江西省第一家社会工作机构——江西洪宇社工服务社正式成立。此后，随着政府购买社工服务力度的加大，南昌市的社工机构如雨后春笋般地发展壮大起来，如小桔灯服务社、意诚社工服务社、郁金香社工服务社、国仁公益服务中心、心灵家园成长中心等民办社工机构陆续成立。与此同时，南昌市的社工机构与社区、高校建立了密切的联系，促使社工机构扎根社区，了解社区居民最真实的需要。社工机构与高校的紧密联系，实现了二者之间的良性互动。对于社工机构而言，学校可为社工机构培养大量的社工专业人才。对于学校而言，社工机构为社工专业学生提供了专业实践的机遇。据不完全统计，南昌市的社工机构从无到有，直至 2016 年 6 月，南昌市社工机构的数量已达到 37 家。

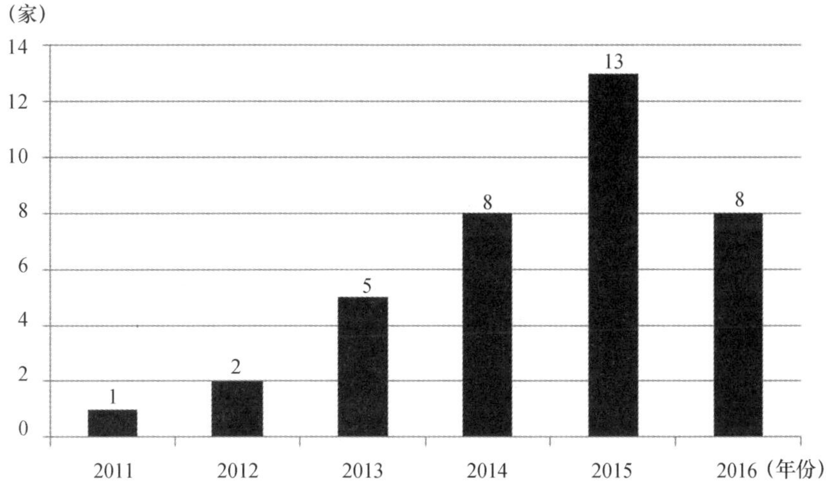

图 1—2　2011—2016 年南昌市社工机构每年新增数量统计情况

从图1—2可以直观地了解到，2011—2016年这6年间，南昌市社工机构从最初的1家机构增加到10余家，特别是2015年社工机构新增数量最多。2016年社工机构新增数量虽然有所减少，但总体上呈增长趋势，彰显了南昌市政府对社工机构扶持力度的加大。

（三）政府购买社会工作服务的实践

2013—2015年，江西省民政厅将部分福彩公益金用于购买社工服务项目，每年用于购买服务项目的资金额度越来越大，从100万元增加到180万元再到372万元，体现出政府对社工事业的支持力度不断加大。2015年南昌市人民政府开始进行政府购买服务的实践与探索，此后，政府不断加大购买的力度，扩大购买的范围，加大对民办社工机构的支持力度。笔者发现，政府购买社工服务，既有效发挥了社工机构自身的专业特长，又有效承接了政府的部分职能，达成了政府与民间社工机构的良性合作，是“有限政府、服务型政府”的有益探索。

二　政府购买社会工作服务的运作机制

项目制下的政府购买社会工作服务，实质上是一个将服务项目让渡给社工机构并提供项目经费支持的过程，在这个过程中，社工机构负责承接项目、获得项目经费支持并提供相应服务。政府负责监督社工机构的行为，实现了部分公共服务职能的转变，社工机构亦获得了发展，双方的良性互动带来了一定的社会效应。这里从政府购买社工服务的类型、社工机构的承接（包括承接对象、承接方式、经费投入比）、政府购买社工服务的保障机制三个方面来探讨其运作机制。

（一）政府购买社会工作服务的类型

本章探讨的是2015年江西省福彩公益金购买社会工作服务项目，该项目是面向全省民办社会工作机构或社会工作行业组织，该项目服务类型有四大类，即服务困难老年人、关爱特殊群体、参与社会救助、婚姻家庭援助。这四大类又划分出了很多具体类别。比如，服务困难老年人包括城市独居老人、残疾老人、失能老人和农村留守老人等；特殊群体包括药物滥用人员、有不良行为的青少年、艾滋病患者、精神病患者、流浪乞讨人员、社区矫正人员、服刑人员、刑释解教人员；社会救助的对象是困难群体；婚姻家庭援助包括失独家庭、单亲家庭、夫妻失和家庭、亲子关系障碍家庭以及城市流动群体、农村留守群体中的妇女儿童。

据了解，整个项目由全省 40 家民办社会工作机构和社会工作行业组织承接，其中南昌市承接项目的社会工作机构有 12 家，占整个项目的 30%。笔者着眼于南昌市承接的福彩公益金项目，对政府购买社会工作服务的类型进行区分。根据服务领域对南昌市承接的福彩公益金项目划分出服务类型。从服务领域的角度来看，该地区承接的 2015 年福彩公益金项目的社工机构的服务类型包括服务困难老年人 6 家、留守儿童 1 家、督导培养 1 家、青少年 2 家、残障人士 1 家、婚姻家庭 1 家（见图 1—3）。

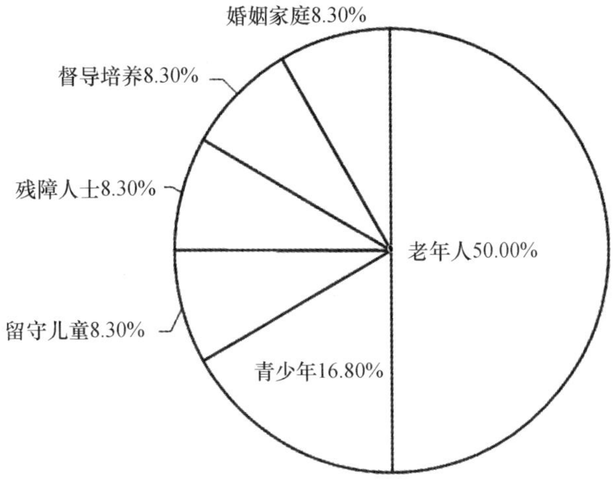

图 1—3　福彩公益金项目服务类型统计

如图1—3所示，困难老年人服务项目的绝对数量和占比最高，说明当地老年人群体庞大，当下迫切需要满足老年人群体的需求，其次是青少年群体，其余的服务类型数量和占比都相当。

（二）社工机构的承接

1. 承接对象

政府购买社工服务项目的承接对象是社工机构而非个人，即政府将项目承包给社工机构，由社工机构组织开展专业的社工服务活动。本章所指的“社工机构”是民办社会工作服务机构，它由社会人士发起，由社工为不同类型的困难群体提供公益性服务。政府以公开招标的方式向社工机构或社工行业组织招标，这就需要政府对社工机构进行相关资格认定，在该项目中，政府首先要确定的是承接者。政府对承接者的要求是：需要有健全的财务制度和独立的银行账号；有完善的组织机构，且专职工作人员中至少有三分之一以上需取得社会工作者职业水平证书或具备社会工作专业本科以上学历。但是，实际情况是社工机构具有的专职人员少之又少，有的社工机构几乎都是兼职人员。社工机构由于缺少足够的符合资质要求的社工，只好利用兼职人员的社工证来充数，以应付政府的审查。

笔者了解到，以高校社工专业教师、社区干部、公益人士为创办主体的社工机构占据了“半壁江山”，是民办社工机构的引领者，为民间社会工作的发展做出了很大的贡献。笔者还发现，在社工机构中不能忽视社工专业学生，因为他们专业能力强，视野开阔，是一群在创办社工机构方面最活跃的积极分子。对于在编干部，笔者认为，他们拥有丰富的实务经验，通过对他们进行专业培训，可掌握一定的社工专业知识。因此，将他们进行融合能够发挥其优势，达到取长补短的效果。

2. 承接方式

政府以公开招标的方式向社工机构购买服务，由社工机构承接项目并提供相应的专业服务，最后由政府进行项目的验收工作。其程序是，政府向社工机构发布项目公告，社工机构向社工机构登记所在地的民政部门提出项目申请，民政部门委托江西省项目评审委员会负责项目的招标、评审及立项工作。其中，部分项目政府采用定向委托的方式购买服务。

3. 经费投入比

项目的经费投入比在很大程度上能够反映政府购买的力度和范围，并且经费的使用在购买服务环节中非常重要，它关系到项目开展的深度和广度、服务开展是否落到实处、政府对项目的绩效评估等。按照购买方即江西省民政厅的安排，资金额度要根据项目规模、受益对象、社会效益等因素来确定，每个项目资助金额为 5 万—20 万元。这里根据服务领域、服务对象两个层面对项目经费进行划分，以便更清晰地了解项目经费的投放情况（见表 1—1）。

表 1—1　　不同服务对象项目经费投放统计表

项目经费（万元）	20	12	10	8	6	5	合计	比例（%）
老年群体			3		2	1	6	50
儿童青少年				1	1	1	3	25
残障儿童						1	1	8.3
家庭				1			1	8.3
督导培训			1				1	8.3
合计（项）	0	0	4	2	3	3	12	100

如表 1—1 所示，南昌市承接的省级福彩公益金项目的社工机构共有 12 家，项目经费额度都处于 5 万至 10 万元之间，其中 10 万元的项目居多，占总项目数的 33.3%。2015 年福彩公益金项目经费的总额为 372 万元，其中，南昌市的社工机构承接项目的经费总额为 89 万元，占整个福彩公益金项目的 23.9%。从服务对象的角度来看，老年群体的项目经费最高，达到 47 万元，占南昌市承接项目总

金额的52.8%；儿童青少年的项目经费处于第二位，达到19万元，占比为21.3%；督导培训项目经费占比为11.2%。这说明福彩公益金项目经费的投放会根据服务人群和服务领域有所侧重。

（三）政府购买社会工作服务的保障机制

1. 行政监督

行政监督指的是购买方的监督以及项目实施单位登记管理部门对项目运行的日常监督。行政监督包含对项目开展具体情况、项目经费使用情况两方面的监督。项目开展情况的检查主要包括服务量、目标达成情况、服务对象满意度、项目运营和管理等方面。对于项目经费使用情况主要是为了了解项目经费的使用是否符合购买方的要求，账目是否清楚和规范。从购买方的角度看，购买方印发了《关于福彩公益金项目档案管理办法的通知》，要求项目实施单位按照文件的要求开展项目服务，确保项目资金的安全和正确使用。对于项目实施单位的登记管理部门而言，项目实施单位在开展项目服务过程中需要将活动开展过程中的图文资料和资金支出的票据保存并整理成册以便随时接受登记管理部门日常的监督检查。

总体而言，行政监督的方式较为宏观，有较强的监管主义色彩；同时，行政管理人员较少，监管的对象也有限，势必留下监管空白，存在形式主义色彩。监督形式比较随意，监管不够全面。

2. 社工机构自我评估

为了保障项目的质量和效果，社工机构在项目执行过程中需要自我评估。社工机构的自我评估通常包含过程评估和结果评估，它贯穿于项目运行过程的始终。社工机构的自我评估内容包括项目实施情况、资源的利用情况、项目的运营和管理、项目经费使用情况、项目的总结和宣传情况。例如，在开展项目之前先要对目标群体进行评估，以了解服务对象的具体情况和实际需要，从而相对应地知道开展什么样的活动。结果评估一般在活动结束后，社工机构对服务开展的实际效果与不足进行评估，以便及时作出相应的调整。

3. 专业评估

除了以上两种可以保障项目服务水平和质量的评估方式外，还有专业评估。所谓专业评估是由江西省民政厅以购买服务的方式，组织第三方评估机构对项目开展的情况和财务审计的情况两方面进行监管。2015 年江西省福彩公益金项目的专业评估委托江西省社会工作协会进行，评估主体由江西省社会工作协会聘请高校社会工作教师、社会工作师、律师组成的评估团队。对于专业评估，在项目实施期间共有两次评估，分别是中期评估和末期评估。中期评估主要是根据项目实施单位上交的自评报告并结合实地调查进行评估定级。对于末期评估，江西省社会工作协会对社工机构目标的达成情况、专业服务效果和资金使用情况进行评估。对于专业评估，江西省社会工作协会依据民政部发布的《社会工作服务项目绩效评估指南》制定的项目评估指标体系为依据。

三　政府购买社会工作服务的案例分析

从政府购买社会工作服务的类型和社工机构的创办主体两个角度，本章筛选出三个福彩公益金项目作为案例，通过全面展现项目在开展过程中的具体情况，对案例进行分析和解读。项目开展的过程主要包含需求调研、项目策划、项目运作以及项目评估四个阶段，以下将详细地介绍项目开展的具体情况。

（一）需求调研

在项目立项之后，社工机构着手前期准备工作。其中，了解服务对象的需求是项目开展的前提和关键所在。在开展服务之前，社工机构需要通过需求调研来获取服务对象的信息，以便更为清晰地了解服务对象的真实需要。关于需求评估的目的，一方面是为了更加细致地掌握服务对象更深层次的需求；另一方面是为了建立专业关系和有效开展社工服务做好充分的准备工作。这体现了社工机构区别于一般性的服务所具备的专业优势，使服务过程更加细致和专业。如表1—2所示项目需求调研情况，在一定程度上保证了项目活动开展的针对性和专业性。

表1—2　　项目需求调研情况

项目名称	需求调研情况
为老年人服务项目	利用问卷、访谈、观察等调查方法对老年群体进行需求调研。通过对生活经济状况、社会交往情况、生活需求等信息的了解，掌握老人的需求、兴趣爱好以及存在的问题与不足。通过调研，掌握老年人的基本信息，建立个人档案，确立服务对象。
关爱失独家庭服务项目	针对老年人开展需求调查，以老年人需求为导向开展活动。社工通过发动社区志愿者以问卷调查与结构式访谈相结合的形式，对老年人尤其是失独家庭展开需求调查，寻找服务对象，以便提供更加细致和专业性的服务。
社区服务项目	通过发放问卷的方式对居民进行问卷调查及个别访谈，调查社区婚姻家庭生活总体情况，进行整体评估，撰写调研报告。

一般来说，在开展项目之前进行需求调研是政府购买社会工作服务的必要程序，通常以定性和定量相结合的方式开展评估需求，既能保证资源的合理利用，也能够确保项目的服务水平和质量，最终造福服务对象。

（二）项目策划

在界定了居民的需求之后，社工机构下一步要做的是根据服务需求来策划项目方案。项目方案的策划内容包括服务目标、服务范围、服务人群、所需资源、预算。同时，社工机构在开展项目前，要做好各个阶段的项目方案的策划。例如，项目在准备阶段的方案。

案例1

准备阶段的工作包括：配置项目实施团队，明确分工。组建保证项目顺利运作的团队，构建“社区+高校+机构+志愿者”团队模式，并明确团队成员的分工。招募并培训志愿者，招募30—50名高校本科生、硕士生和城乡社区居民志愿者，对志愿者进行培训；与项目实施点社区建立工作关系，奠定服务基础，通过上门拜访，与实施点社区进行沟通等方式，与之建立基本的工作关系，以此获得社区的支持；可通过家庭探访、电话、外展，向社区工作人员咨询的方式与服务对象建立联系。健全项目管理制度，聘请1名督导，保障督导对项目的有效监督，促使项目与团队良好运作，联系并确定好服务场地，制订好个案、小组、社区工作计划，并对实习社工和志愿者进行培训。

案例2

项目立项之后，机构工作人员开始组建项目团队，着手项目的筹备工作。首先，进行前期人员培训及项目宣传；其次，开展志愿者入户调查培训，随后进行入户调查，了解老人的情况和需求；再次，联系各社区工作人员，方便志愿者进入社区开展活动和建立良好的家庭关系。开展服务需求调查，对象为各社区老年人。在需求调研阶段，项目工作人员先要与社区工作人员学会相互配合，以此获得社区居民的信任。

案例3

在这一阶段，社工机构开始筹备招募志愿者，首先根据志愿者的需求和特点，进行相应的培训，提升志愿者的服务能力；其次，开展需求调研，通过问卷调查、面谈的方式，调查社区婚姻家庭生活总体情况，进行整体评估后，撰写调研报告。进行日常访谈、沟通，与服务对象建立良好的关系，对服务对象中有困惑和问题的家庭进行科学分类，确定重点服务对象。

项目策划是为了更好地推进项目的开展，保证项目按照计划有序进行。项目的策划要将项目的各个阶段的工作详细纳入进去，同时要考虑到资源和风险等问题，做好前期的预估。因此，项目策划是项目推进的关键环节，更是基础的基础。

（三）项目运作

在完成项目方案的策划之后，社工机构需要着手启动项目，按照项目方案开展工作。在这一阶段，社工机构需委派社工进驻社区，开展项目活动。对于项目的具体运作，社工机构是严格按照项目策划书来开展的，具有较强的计划性和规范性。

案例 1

对于个案的开展，社工及志愿者与失独、伤残家庭建立信任关系，每 1—2 周去服务对象家里 1 次，运用个别化的原则，提供力所能及的家政、劳动帮助等服务。根据需要和小组的性质，开展适合服务对象的小组活动类型，针对失独家庭开展支持性的小组活动，针对伤残家庭开展支持教育性的小组活动，让有共同经历的服务对象分享人生经验并从中学习新知识。

利用社区工作专业方法，针对有共同兴趣的服务对象开展联谊、户外踏青、文体比赛等各种有益于身心健康的社区活动，以此丰富服务对象的生活并鼓励他们改变自我封闭和自卑状态，增权赋能，帮助他们融入正常的社区生活。

开展形式多样的暖心活动。如在春节、端午节、中秋节等传统节日里，或老年人生日期间走访和看望计生失独、伤残家庭成员，送去必要的生活用品和慰问资金，在物质和精神层面同时给予帮助和慰藉。

案例 2

对于个案，运用理性情绪治疗法作为个案工作的理论基础，根据小组活动作用的不同将小组分为康乐小组、往事回顾小组、发展性小组。其中康乐小组，在失独家庭比较多的社区开展康乐小组工作，从健康保健、休闲娱乐、文化生活等方面着手改善老年人生活状况，提升其幸福感。往事回顾小组，目的是为了丰富社区独居、孤寡老人精神生活，满足他们的倾诉与表达要求，帮助他们建立人际关系网络。

这里开展了6场社区活动。其中包括："元月之馨，与爱同行"社区老人集体生日会、"生命嘉年华"母亲节插花活动、"把爱带回家"社区老人盆栽种植活动、"庆端午、赛粽子、献爱心"——端午节包粽子大赛等主题不同的活动。例如："生命嘉年华"母亲节插花活动，社工通过和老人分享种植盆栽过程中遇到的问题以及解决的方法，引导老人回顾生命的进程——从一颗种子发芽、茁壮成长、到开花、结果的过程，探寻生命的意义。

关于社工站的活动内容。通过老年人电脑培训、丝网花培训、茶道培训、合唱团培训等活动来降低孤独感，在学电脑和用电脑的过程中与年轻人共同交流，增进了解和信任。学电脑和用电脑都要用脑力，中老年人不仅要进行体能的锻炼，还需要脑力的锻炼。

案例3

在项目实施的整个过程中，做了如下工作：开展了7次个案辅导，以家庭个案工作的方法，对社区家庭进行干预。采取联合治疗、家庭恳谈等方式，改善亲子关系；开展了2次小组活动，增进家长与孩子的感情与默契；开展了8次社区宣传、咨询活动，通过文艺演出、亲子互动游戏、发放宣传资料等方式，向社区居民普及家庭教育的知识与技能。

社工机构开展服务是在需求调研的基础上进行的，开展服务过程中能够将社会工作的理念和方法有效融合到服务实践中。这既是一种对居民需求的有效回应，也是社工服务专业性优势的体现。服务的过程能够将福利传递给服务对象。但是，社工机构提供的各种服务活动为社会带来效益的同时，也体现出服务内容与需求尚未完全契合的问题，使得很多服务仅停留在发放用品、上门看望、文艺表演等简易性层面，服务形式僵化。虽然活动做得很热闹，但是对于服务对象的深层次需求并未作出有效回应。案例 1 的项目，可以看到社工在传统节日开展庆元旦、迎新春活动，包括了才艺表演、歌舞表演、互动游戏等，通过购买礼品，发放奖品，给服务对象送去温暖。上门看望老人，开展生日慰问活动，通过购买水果、蛋糕，走访慰问老人。案例 2 的项目，相对于另外两个案例，其服务过程中开展的活动比较新颖、创新性较强，包括电脑培训、丝网花培训、茶道培训等活动，同样应看到，有些活动还是在比较浅的层面上，如带领老人出游等。案例 3 中的文艺演出、知识讲座等形式的活动，虽然能够给居民带来一定的帮助，但是，这种形式很难与居民建立一种平等的人际关系，甚至会被居民认为是居委会组织的活动，专业性不强。

（四）项目评估

项目实施完成，要对项目进行评估和验收。这里的评估主要是专业性的评估方式，即委托第三方评估机构对项目实施效果进行检测和验收。从方式上看，分为资料评估和实地评估。评估的过程主要以会议的形式由项目负责人向评估人员汇报项目实施情况、取得的成效以及存在的不足；评估工作人员针对项目的实施情况进行反馈，项目负责人现场解答；之后，由评估人员依据项目实施材料，对项目实施情况进行科学评估和提出改进意见。

案例 1

该项目按照申报书和整体计划，完成了服务工作量，服务对象满意度很高。在项目开展前期，对服务对象进行了需求分析和调研，制定了完整的项目方案和实施流程，服务过程记录详细且规范，团队建设较好，有较稳定的项目管理、执行人员和督导。档案整理规范，电子文档归类清晰。经费使用方面，有较完善的财务制度，详细的项目资金收支平衡表和支出明细表。项目活动在省级、市级媒体有多次报道。不足的方面有：社工专业在社会上的认可度较低；资源不足；一线社工专业水平还有待提高。

案例 2

该项目是在服务需求充分调研的基础上，有完整的项目方案和详细的实施流程。项目活动设计围绕工作目标，符合困难老人的需求，恰当地运用了社会工作的理论与方法。服务内容和形式较为丰富多彩，服务过程中文档记录较为完整规范。注重整合政府、社区、机构、高校社工专业学生资源，构建服务社区困难老人的社会支持网络。采用多种宣传方式，对项目、团队及活动开展情况等进行了大量宣传，传播社工服务理念和公益理念。今后需更加重视项目目标的清晰界定与分解以及项目活动与项目目标的逻辑关系，注重项目的整体性和系统性，进一步提高服务的专业性。

案例 3

该项目基于充分调研，制订了较为科学、合理、操作性强的总体工作计划、阶段性工作计划，并运用多种服务方式开展服务，服务内容丰富多彩，恰当运用了心理学专业知识与方法，完成了计划所规定的服务量，达到了预期效果，取得了良好的社会效益。该机构能够联合高校教师、高校大学生志愿者、社区家长等资源开展活动，体现出机构团队资源整合能力较强的特点。今后需更加注重服务的规划与设计，重视服务的整体性与系统性以及社会工作理论与方法的运用，进一步发挥心理学专业与社会工作专业结合的优势。

四　小结

随着政府职能的转变，政府承担的角色由单一的服务提供者变成多重角色。作为规划者，政府应当清楚地了解当地需要服务的群体有哪些，服务的范围有多大，向谁提供服务等等。在此基础上，制定服务项目。作为购买者，政府需要考虑购买的内容、购买的比重以及资金的投入，根据实际情况以公共效益最大化的原则来制定购买的标准和要求。作为监管者，政府在项目开展过程中以及结束后对项目情况进行监管和评估验收，以此规范和评估项目服务。政府在这种多重角色下既要分清不同角色又要扮演不同的角色，同时，既要与服务提供者区分开来，又要切忌既当“裁判员”又当“运动员”。

对于社工机构而言，通过项目申报的形式开展社工服务具有不可估量的作用。一方面，在项目的申报、策划、实施的整个过程中，社工机构能够获得项目资金以及由此而来的各种正式和非正式的资源的供给，这为项目的顺利运行提供了良好的外部条件；另一方面，社工机构通过项目的形式开展社工服务，充分发挥社工机构的专业优势和独特性，有利于建立一定的社会公信力，从而有助于今后长远的发展。

第三节　项目制下政府购买社会工作服务的影响因素分析

本章第二部分通过对项目制下政府购买社工服务的实践探索，探讨了政府购买社工服务项目的运行机制和实践过程。政府推行的项目从政府招标、社工机构承接再到政府评估验收过程，形成一个完整的链条。在这个链条中，项目的实施效果和专业化水平受到多种因素的影响。这里依据笔者的调查和研究，仅从政府、社工机构、社会工作者、服务环境四个层面进行探讨。

一　政府层面

（一）政府对社会工作服务过于功利化

政府以购买服务的方式让社会工作机构承接政府应该履行的职

责，这在一定程度上说明政府意识到应该将其部分职能向服务型转变，政府所扮演的角色从单一的角色变为多重角色。

第一，政府在确定项目之前需要充分了解广大民众最迫切的需求，从而根据具体的需求状况来制订项目计划、决定项目的服务类型和范围等。在这一过程中，政府扮演的是决策者的角色。

第二，政府在了解民众需求之后，将需要设立的项目进行公示，社工机构根据自身需要进行项目申请。在这个过程中，政府需要规范项目招标行为，对社工机构的情况进行严格的审查，规范招标程序和流程，保证程序公正和公开。在此过程中，政府扮演的是购买者的角色。

第三，作为服务的监管者，政府在社工机构承接并实施项目的过程中要进行相应的监督管理，政府需要制定项目评估的标准，邀请相关领域的评估专家进行项目的评估，确保项目达到更好的服务效果和服务水平，让服务对象真正受益。在这里，政府扮演的是监督者的角色。

但是，政府将服务“承包”给社工机构，对社工机构寄予很高的期望，希望社工机构能够取得令人满意的效果。但是，这种过高的期望导致社工机构承受着巨大的压力。社工机构绞尽脑汁采取措施，将项目做得“有声有色”，这在无形中影响了项目的开展，不能保证项目真正做到为服务对象着想，亦难以保证服务的效果，因为社会工作服务项目的效果并不是在短时间内能够显现出来的，它具有较长的延缓性。

（二）规章制度不健全

政府购买社工服务的发展需要一个好的环境，而健全规章制度正是营造一个好的发展环境的有力手段。

第一，加快推进社会工作法治建设。

政府购买社工服务依据的唯一一部法律——《政府采购法》，在专门针对社工激励、社工服务评估、社工服务监督等方面尚未有专门的法律规定，由此，政府购买社工服务在实践中遭遇到许多问题，只有积极推进政府购买社会工作服务方面的法治建设，才能全方位地推动政府购买社工服务的发展。

第二，政府拨款滞后。

政府购买社工服务成为社工机构资金来源的主要组成部分，政府掌握着社工机构的经济命脉。如果政府购买社工服务的资金拨付滞后，既会导致社工机构陷入经费困境，又会阻碍项目的正常运行。

（三）政府购买社工服务力度不足

现阶段，我国政府购买社工服务处于起步阶段，各地区仍处于摸索阶段，对于中部地区而言，政府扶持的力度更加有限。政府对购买服务的资金供给尚未进入常态化，即政府并没有将其纳入公共财政预算。同时，项目资金额度一般在 5 万元至 10 万元之间，项目资金满足不了服务的持续开展，更难以维系机构的长远发展。

（四）政府评估机制不健全

评估是政府有效监测政府购买社工服务项目开展情况和检验服务效果的手段。本章中所指的政府评估机制是政府的行政监督和第三方评估。从评估人员的结构来看，评估由评估机构工作人员、聘请的高校专业教师以及社会工作师组成，分别对社工机构服务开展情况和资金使用情况进行评估。从评估标准来说，由第三方机构制定的评估标准存在不合理性和随意性的问题，且评估标准太宽泛，缺乏针对性。从评估过程来看，评估过程主要分为以下几个阶段：一是项目主要负责人将项目开展情况以 PPT 的形式汇报；二是专业评估机构对项目开展的文档资料（包括项目方案、服务记录、总结报告等）进行查阅评估，同时评估人员对项目参与者提问以深入了解项目开展情况；三是评估人员根据文档材料的情况和交流的情况总结项目开展的成效和不足。

二　社工机构层面

（一）社工机构缺乏独立性

当前，政府主导、民间运作是政府购买社工服务的主要运作方式。原则上，政府给予社工机构资金支持，应当给予社工机构一定的自主权，但是实际上，有些政府部门对社会工作表现出不认可、不信任的态度，将机构的社工当作社区工作者使用，将一些比较繁杂的行政性事务交给机构的社工完成，造成社工在项目中所花的精力大大减少，影响了项目的正常开展，项目的服务效果可想而知。

（二）资金短缺，渠道单一

我国社工机构的收入大多依靠政府的资助，而政府资助往往是短暂性的。通常是项目结束后，资金所剩无几，机构就会陷入资金短缺的危机，只有等待下一次项目的申报来获得资金。一旦断了经费支持，机构就形同虚设。这样单一的资金来源渠道造成社工机构资金短缺。

（三）社工机构专业服务能力欠缺

社工机构得以生存和发展的关键性因素就是专业服务能力。而专业服务能力是一个社工机构的生命和灵魂，由于缺乏专业服务能力，社工机构的发展堪忧，这在很大程度上制约了社工机构的发展。

案例 1

A 机构是一家依托社区为社区居民以及有需要的服务对象提供多样化服务的民办社工机构。机构最早由社区居委会主任创办，目前机构由 1 名专职社工，4 名兼职社工以及若干志愿者组成。专职社工的数量在整个机构社工的比例非常低，不足三分之一。而在兼职社工中，有一半则是社区干部。

案例2

B机构是一家由社会爱心人士自发组织的以从事社会公益活动为目的的非营利性组织。在人员设置上，专职管理人员1名，专职社工1名，兼职管理人员4名，兼职社工18名，志愿者若干名。由此可知，专职社工在整个社工队伍里占的比例非常小。

案例3

C机构是一家由社会工作专业教师创办的社工机构，其成员包括6名成员和志愿者若干，尽管都考取了社工证书，但其中几乎都是兼职社工，他们有一份稳定的工作，在本职工作之外做着自己热爱的社工事业，既能带来部分收入，也能实现自身的公益理想。

据了解，A机构是由社区干部创办的社工机构，社区干部能够结合自身优势为社区居民带来福祉，但是，社区干部由于具有双重身份，并且社区居委会的行政性事务繁多，难以将全部精力投入社工事业，而社区干部则是基于行政性工作的惯性思维和多年基层工作经验来开展社工服务，很难将社工专业知识和理论运用到实践中，这必然导致社工服务的行政化。B机构是由社会爱心人士创办的社工机构，创办者基于一种奉献精神投入社工事业，但自身缺乏相关的理论知识，加之时间和精力非常有限，且专职社工人数较少，开展项目的效果可想而知。C机构是由高校教师创办的社工机构，教师本身具备强大的理论知识储备，但同样存在投入少和专职社工少等问题，阻碍了社工机构的发展，难以将社工服务持续有效地开展下去。

三　社会工作者层面

（一）社会工作者专业化水平不足

社工是服务的执行者和实施主体，直接关系着项目开展的专业水平、完成质量和服务成效，社工的专业化水平不高将影响项目的服务成效。据调研可知，A 机构由 5 名社工专职人员组成，其中 2 名原为社区工作人员，1 名为民政局的工作人员，还有 1 名会计和 1 名一线社工。其余均为周边高校的社工专业学生以及专业医疗志愿服务组织作为机构的义工队伍。而持证上岗的社工，实际上也不是全职社工，都是兼职人员。

（二）社工和志愿者队伍流动性大

社工机构中的社工人员很多都是社区公职人员，因此，他们除了从事社工行业，还要兼顾自己的工作，由此他们具备了双重身份。一方面，他们要处理政府交办的行政性事务；另一方面，又凭着一腔热血从事社工行业。他们的时间和精力有限，再加上社工理论知识薄弱，他们在开展服务的过程中，常常只是凭着自身的经验来开展服务，势必会影响服务的效果。作为社工机构中直接提供服务的中坚力量——一线社工，他们的工资待遇比较低，机构无法为他们统一购置社保，导致社工机构一线社工人员极其不稳定，部分社工不得不放弃这个行业。另外，由于专职人员较少，社工服务的开展就较为依赖志愿者，而志愿者常常流动性较大，社工实习生在社工机构实习之后纷纷走向沿海发达地区，流失率很高。

四　服务环境层面

（一）社会对社工认知度较低

在计划经济时代，人们受传统观念的影响，遇到问题习惯于求助政府，人们不习惯于将个人真实的问题暴露出来，这对社工服务的开展是一个很大的阻碍因素。当前，我国正处于社会转型期，经济和社会发展速度不断加快，各种社会问题也日益凸显。面对这种错综复杂的情况，政府必须转变职能，发挥更多的社会力量解决社会问题，社工机构在这种背景下孕育而生。但是，目前的社会环境并没有真正接受社工这种新生事物，因此，它的发展需要一个较长的过程。

（二）服务对象对社工服务认知度不高

由于社会工作职业发展在我国刚刚起步，社会工作服务在居民中的影响力还不够大，对于政府购买社工服务，目前居民缺乏一定的认知度。社工在开展服务时，理应要与社区居民保持密切的联系，这是服务开展的基础和前提。但是，居民对社工人员的概念并不是那么清晰，总是认为社工是政府部门派来的工作人员。社工开展的服务常常被认为是一般性的公益性服务，与其他的服务没有什么区别，可见居民并没有真正理解社工机构的性质以及社工服务。从社区居民自身来讲，一般不管谁来提供服务，只要有服务就行。对他们而言，只要能给他们带来“好处”，他们都接受。在作需求调研时，笔者了解到，居民都不知道社工是干什么的，误以为社工是居委会干部的工作。当社工开展服务时，当地居民还以为社工是做公益服务的。

第四节 项目制下政府购买社会工作服务的相关建议

在上一节中，笔者通过对影响政府购买社工服务的因素的分析，了解到在项目运行的整个过程中，影响项目服务质量和效果的因素众多且主要从政府、社工机构、社工以及服务环境四个层面进行分析。因此，本节在政府购买社工服务的影响因素的基础上，从与项目相关的三大主体的角度，提出一些切实可行的建议。

一 政府层面

（一）加强政府顶层制度建设

第一，规范购买社工服务项目的程序。在一般情况下，政府购买社工服务的程序是向有关部门申报、经过项目初筛、评委评审和审核、签订合同、机构履约，最后由项目主管部门进行评估验收。项目需求分析是在项目申报成功之后，由项目承接方进行的。原则上，社工服务的购买应当是社工先对服务对象进行需求分析，然后再由专业的社工来确定购买的数量、质量等标准。因此社工应在项目承接方购买社工服务之前对服务对象进行需求分析，了解服务对象的服务需求，再决定购买社工服务的标准以及是否提供服务。

第二，政府应尽快完善购买社工服务的法治建设。政府购买社工服务是引入市场竞争机制来选择具有资质的专业性的社工机构作为服务提供者，从而将社会服务市场化，促进政府职能转变的同时推动社工机构的发展。现阶段，我国几乎没有有关政府购买社工服务的法律法规，而地方也只有相关办法或意见。我国唯一的《政府采购法》未对政府购买社工服务作出具体的规范和要求。因此，需要加快修订和完善现行的法律法规，使政府购买社工服务有法可依、有据可循。

（二）加大对社工服务的宣传和推广

为响应党的号召——建设大型的社会工作人才队伍，南昌市政府出台了相关政策。但是，这只是系统层面的努力，在现实生活中，大多数人仍然不了解社会工作，甚至社区的居民都被认为是社会工作者。这就要求政府要加大对社会工作的宣传力度，促使这个职业被大众熟悉。在本章的案例中，A机构在开展项目过程中遇到了类似的问题。在开展服务的需求调研阶段，社工需要与社区居民建立良好的关系，但是，由于居民对社工不熟悉，从内心抵触社工的来访，甚至把社工当作是“传销人员”。社工只有借助社区的力量，利用社区这个平台消除居民的顾虑，否则，居民就会对社工的身份感到非常疑惑，这对社会工作专业的发展极为不利。因此，社会需要不断加大社工服务的宣传，让更多的居民了解和接纳社会工作。

（三）建立合理的项目监督与评估机制

首先，完善评估指标。针对现有的对项目评估指标的制定存在随意性的问题，政府应当与项目社工机构（项目承接方）共同商讨，结合实际情况合理制定评估指标。政府在量化指标的设置上应考虑到社工项目服务开展的具体情况，而不能采取“一刀切”的做法。另外，还要考虑到评估指标的可行性和操作性，尽量将评估指标进行细化和分类。同时，要注意指标体系应侧重服务开展的具体情况、实际效果、服务对象的满意度、服务目标的达成情况，而不是将重点放在个案、小组工作或者社区活动的数量上。这是因为开展活动的数量并不能反映服务项目开展的效果，服务对象才是项目的直接受益者。

其次，评估方式的多样化。评估会议通常由项目负责人汇报项目实施情况、成效，评估人员就项目实施情况提出疑问，项目负责人现场解答，评估人员审阅项目实施材料，最后总结项目开展的优点和不足。这样的评估方式并不能了解项目开展的真实情况，也很难对项目进行客观地评估。因此，评估可以采取不同的方式，如参观项目实施地点、与服务对象的交流、与项目工作人员的交流，这样可以更加深入细致地展现项目实施的情况。

再次，规范评估过程。评估过程中可建立媒体监督评估机制，通过在项目评估时邀请多个媒体参与，确保评估结果更加有说服力和公信力。同时，建立评估的动态机制，在评估前加强与机构的沟通与交流，回应社工机构的诉求。例如，可制定统一的服务记录模板，规范社工对服务过程进行记录以便及时总结和评估服务过程，减少社工应付不同评估标准的文书量。

最后，提高评估团队的专业性。组建一支具有公信力的服务评估团队，同时需要进一步提高评估机构人员专业水平和能力，熟悉评估具体流程，尤其还要对社会服务项目评估人员进行专业培训，使之熟悉和掌握评估工具和方法的使用。

对于政府部门的评估，应建立常态化的走访机制，过程评估和结果评估并重。同时，应加快建立和健全第三方评估机制，真正做到客观、专业，从居民需求和服务质量的角度开展评估。

（四）提高、规范购买标准，留住专业社工人才

社会工作者的薪酬会影响社会工作者的流动。笔者研究发现，在本章的福彩公益金项目中，一些社会工作者由于当地社会工作人员的工资收入很低，他们工作一段时间后就会流向工资待遇较高的东部地区。这给政府提出的警示是政府应采取最好的社会福利保障制度，保护社会工作者的利益，维系社会工作人才队伍的稳定。笔者在对福彩公益金项目人员进行访谈时，当谈及政府购买社工服务项目的稳定性问题时，了解到政府购买社工服务期是一年，项目结束后，需要再次进行招投标。由于一年的周期太短，社工与社区居民建立专业关系不久后，项目就结束了，社工不能持续提供服务，社工的专业性难以有效利用。因此，政府应重新设计和规范政府购买服务的内容，增加购买服务周期。规范并提高购买标准，提高社工工资待遇，进而留住专业社工人才非常必要。

二 社工机构层面

（一）提升社工机构的专业性

目前，一些地区社会工作机构发展情况不一，呈现出发展不平衡的局面。对于南昌市而言，社会工作发展尚处于一个相对滞后的阶段。社工机构的发展也出现了类似的情况，例如，优秀社工机构较少。正如文章第二部分对南昌市社工机构发展现状的分析，南昌市的社工机构发展速度较快，但是真正有实力的机构还占少数，而且社工机构成员很多由基层社区工作人员、社会爱心人士、行政部门人员组成，由此出现专业服务技能较弱的问题，最终影响到项目的开展效果和服务质量。因此，社工机构应重视社工专业人才队伍建设，对现有工作人员不断地加大培训，提高其工作能力和专业化水平。

（二）保持社工机构的独立性

社会工作作为一个新事物，处于探索和发展阶段。社工机构既需要政府的支持和公众的认可，又需要自身成长和发挥其独特的作用。值得注意的是，南昌社工机构大多依托社区甚至过多依靠政府部门，机构的发展很不独立，其中最为关键的原因是社工机构的资源短缺，尤其是资金供给不足。社工机构开展项目需要政府部门的支持，如果缺乏他们的支持，常常会造成项目难以顺利开展下去。政府在对社工机构给予相关支持时，应当保留机构的相对自主性，促使社工机构充分发挥职能，并在社会治理中发挥积极的作用。

（三）拓展筹资渠道，增强自身的造血功能

社工机构通过政府的扶持得到发展，通过项目的承接求得生存。如果没有政府的支持，社工机构难以持续生存下去。正是由于自身资源的匮乏，社工机构才无法保持独立性。在开展项目时，政府部

门会对项目进行一定的干预，使得项目运作带有很强的行政化色彩，以至于社工机构独特的专业优势无法体现出来。在当前的社工服务环境下，我国的社工机构迫切需要政府的“输血”。但同时应看到，社工机构在接受项目支持的同时，应该紧紧围绕着服务对象的需求，着力打造专业性的品牌，积极主动地实现自我“造血”的功能。这样，社工机构才能发挥自身的优势和特色，并树立优良的品牌，从而扩大机构的影响力。

（四）规范社工机构项目管理制度

南昌市的社工机构起步比较晚，目前的发展很不完善。有的成立较早的社工机构，虽然发展相对较快，但是机构内部的管理比较随意；有的新成立的社工机构，由于缺乏经验，可利用的资源较少，机构管理比较混乱。因此，社工机构要建立起合乎机构发展的内部管理制度，包括社工人才的薪酬制度、财务管理制度、项目管理制度、机构发展规划等。这既要借鉴发达地区的项目管理经验，又要结合中部地区的具体情况，因地制宜地进行项目管理。

三　社会工作者层面

（一）加大社工理念的宣传

政府工作的改革发展急需引入社工理念、制度和工作方法，把加快社会工作人才队伍建设与政府购买服务紧密结合，推动政府购买社会工作服务的发展、提升政府购买社会工作服务的质量和水平。只有不断地强化公众对社会工作的认识，人们才会逐渐地理解社会工作的科学内涵，才能积极参与到社工服务项目中来，社工服务项目的开展才会更加有成效。作为一名社会工作者，要从自身做起，时刻把自己当成一个产品进行宣传。社工可通过开通微博、微信公众号，利用报纸等媒体方式，积极宣传社工的活动倡议、社工的发展方向、社会活动总结等，社工还可身体力行地去实践，让每个社工深入基层，为需要受助的群体解决困难和问题。

（二）加强专业服务能力建设

社会工作者需要加强理论知识的学习，在实践中不断地提高自己的服务能力和服务水平，紧跟时代步伐，这是因为社工的专业服务能力和服务水平决定了服务质量。因此，社工只有不断地加强自身的建设，不断地提升自己的综合素质，真正践行“助人自助”的社会工作伦理价值观，社工的服务质量才能从量变上升到质变，从而提高项目的服务质量。

（三）增强以需求为导向的服务意识

在项目开展的每个阶段，社工都应该将服务对象的需求放在首位。项目开展的真谛应回应服务对象的真实需求——倾听他们内心的声音，发现并且满足他们的需求。社工开展的每一次服务，都需要树立以需求为导向的服务意识。在提供服务的过程中，社工应站在服务对象的角度，更多地关注服务对象的成长和发展，注重对服务对象能力的培养和健康人格的塑造。同时，社工应始终坚持“助人自助”的社工理念并努力帮助服务对象，尽心尽力做好每一次服务，帮助每一名服务对象走出困境，确保每一位服务对象都得到健康成长。

第五节　结论

政府购买社工服务在我国尚处于初步探索时期，2003 年上海市政府部门向上海三家社工机构购买岗位服务，开拓了我国地方政府探索政府购买社工服务实践的先河，全国其他城市也开始实践和探索政府购买社工服务。2013 年，民政部、财政部出台的《关于政府购买社会工作服务的指导意见》，为政府购买社工服务的发展提供了政策上的指导。

笔者在查阅相关文献后，发现学者以往关注较多的是政府购买公共服务方面的研究，对政府购买社工服务研究关注较少，并且大部分的研究侧重于政府购买社工服务的理论基础、模式介绍、实践探索、政社关系，理论基础大多借助经济学、管理学、政治学，较少从社会工作的视角来解释政府购买社工服务；在实践探索方面将关注点也主要放在东部发达城市，对于中部欠发达地区城市的政府购买社工服务的研究比较有限；从研究的方法看，较多学者从宏观的角度来研究政府购买社工服务，较少结合具体服务项目进行有针对性的研究。

本章以江西省南昌市福彩公益金项目为研究对象。研究认为，项目制下政府购买社工服务的影响因素主要来自政府层面：政府对社会工作服务过于功利化；政府购买社工服务力度不足；政府评估机制不健全。社工机构层面：社工机构缺乏独立性；资金短缺，渠道单一；社工机构专业服务能力欠缺。社会工作者层面：社会工作者专业化水平不足；社工和志愿者队伍流动性大。服务环境层面：社会对社工认知度较低，服务对象对社工服务认知度不高。相关建议如下——政府层面：加强政府顶层制度建设，加大对社工服务的宣传和推广；建立合理的项目监督与评估机制，规范、提高购买标准，留住专业社工人才。社工机构层面：提升社工机构的专业性，保持社工机构的独立性；拓展筹资渠道，增强自身的造血功能；完善社工机构内部管理制度。社会工作者层面：加大社工理念的宣传；加强专业服务能力建设；增强以需求为导向的服务意识。

由于时间、人力以及研究者自身知识结构和研究能力的限制，本章尚有下列问题需要进一步研究：第一，在资料的收集方面，通过项目评估材料和个案访谈的方法收集资料，其客观性还有待考证。第二，对政府购买社工服务方面的理论依据也有待商榷。

本章小结

改革开放以来，随着我国经济快速发展，各种社会矛盾日益凸显，以往由政府包揽公共服务的模式已不能满足大众多元化的需求。在此背景下，我国政府不断探索创新管理方式，以项目制的方式向社工机构购买服务，项目制逐渐成为政府购买社工服务的基本方式，社工机构如雨后春笋般发展壮大，成为政府职能转变的有力“抓手”，并在各地区陆续开始了相关探索。由于开展时间较短，大部分地方政府尚处于试点摸索的阶段。由此，目前学界对政府购买社工服务的研究主要集中在购买模式、理论基础、实践渊源的回顾以及互动关系的研究上，且大多关注东部发达城市，对中西部城市政府购买社工服务方面的研究比较缺乏。

在此思路的引导下，本章主要采用质性研究方法，以中部城市——江西省南昌市福彩公益金项目为研究对象，综合利用文献法、个案访谈法和参与观察法，结合社会工作理论来解释并分析政府购买社工服务的问题，试图为政府购买社工服务提供新的理论依据和实践支撑。基于此，本章初步介绍了福彩公益金项目的运作机制与实践过程，分析了项目制下政府购买社工服务的影响因素（政府、社工机构、社会工作者、服务环境）。在此基础上，从多元主体的角度给出初步性的对策建议，为促使项目制下的政府购买社工服务朝着良性发展提供助力。

附　录

访谈提纲（一）

一、访谈目的：了解政府购买社工服务项目开展的情况、存在的问题以及对政府购买社工服务的意见或建议等。

二、访谈对象：项目负责人/一线社工

三、访谈时间及地点：

1. 访谈持续时间：半个小时/人

2. 访谈地点：社工机构

四、访谈提纲设计

1. 开场白：您好！我是某社工机构的社工，非常感谢您能在百忙之中抽出时间接受我的访谈，您的回答对我的研究十分重要！今天我想了解贵机构今年福彩项目开展的情况，包括项目开展过程中取得哪些效果，遇到什么难题等，以便对政府购买社工服务遇到的问题及解决的对策作出研究。

2. 访谈内容

（1）机构成立的时间、主要的服务领域、人员配备情况，以及承接过的项目。

（2）通过哪些途径获得这些项目？需要哪些条件和要求？

（3）您认为机构开展福彩项目有哪些优势？该项目取得哪些效果？

（4）机构与社区的关系怎么样？居民对服务的参与度、认可度怎么样？

（5）该项目主要的评估方式是什么？有什么效果？评估存在的不足是什么？

（6）您认为机构在开展服务过程中遇到哪些难题或者说受到哪些因素的影响？

（7）您认为机构目前的主要困境是什么？

（8）您对政府购买社工服务项目的运作有何建议或意见？

3. 结束语：由于时间关系，我们的访谈到这里就结束了，很高兴能在这里深入了解机构项目运作以及开展服务等方面的状况和问题。这次的访谈让我了解了很多，受益匪浅。祝您生活愉快！感谢您的积极配合！

访谈提纲（二）

一、访谈目的：了解政府购买社工服务的具体情况、项目运作的基本情况等。

二、访谈对象：政府部门人员

三、访谈时间及地点：

1. 访谈持续时间：半个小时/人

2. 访谈地点：办公室

四、访谈提纲设计

1. 开场白：您好！我是某社工机构的社工，非常感谢您能在百忙之中抽出时间接受我的访谈，您的回答对我的研究十分重要！今天我想了解贵机构今年福彩项目开展的情况，包括项目开展过程中取得哪些效果，遇到什么难题等，以便对政府购买社工服务遇到的问题及解决的对策作出研究。

2. 访谈内容

（1）什么时候开始采用福彩公益金购买社工服务项目的？

（2）今年福彩公益金项目的资金如何分配，承接方的资质如何认定？

（3）今年福彩公益金项目是采取什么方式购买的？程序是怎样的？

（4）您认为目前承接福彩公益金项目机构的水平如何？

（5）您认为购买社工服务取得了哪些效果？它与一般的社会服务的区别如何？

（6）您认为购买社工服务达到了政府期望的要求吗？

（7）您对政府购买社工服务有什么看法？

3. 结束语：由于时间关系我们的访谈到这里就结束了，很高兴能在这里深入了解政府购买社工服务方面的具体情况。这次的访谈让我了解了很多，受益匪浅。祝您生活愉快！感谢您的积极配合！

访谈提纲（三）

一、访谈目的：了解项目评估开展的过程、人员配备、遇到的困境、与政府部门人员的互动情况等。

二、访谈对象：省社协工作人员

三、访谈时间及地点：

1. 访谈持续时间：半个小时/人

2. 访谈地点：江西省社会工作协会办公室

四、访谈提纲设计

1. 开场白：您好！我是某社工机构的社工，非常感谢您能在百忙之中抽出时间接受我的访谈，您的回答对我的研究十分重要！今天我想了解贵机构今年福彩项目开展的情况，包括项目开展过程中取得哪些效果，遇到什么难题等，以便对政府购买社工服务遇到的问题及解决的对策作出研究。

2. 访谈内容

（1）协会是从什么时候开始受政府委托开展项目评估的？

（2）协会开展项目评估的流程是什么？评估人员主要有哪些？

（3）项目评估主要依据的是什么？项目评估指标体系是如何制定的呢？

（4）协会与政府的互动如何？是否会存在沟通上的困扰？

（5）您认为项目评估具有哪些效果？

（6）您认为影响项目评估的主要因素是什么？

（7）您对目前协会开展项目评估有哪些建议或意见？

3. 结束语：由于时间关系我们的访谈到这里就结束了，很高兴能在这里深入了解项目评估的具体情况。这次的访谈让我了解了很多，受益匪浅，祝您生活愉快！感谢您的积极配合！

访谈提纲（四）

一、访谈目的：了解居民对福彩项目的参与度，福彩项目的开展是否真正满足了居民真实的需求，为居民带来了什么福利，解决了什么问题，居民对社会工作的认知度等情况。

二、访谈对象：服务对象

三、访谈时间及地点：

1. 访谈持续时间：半小时/人

2. 访谈地点：社区

四、访谈提纲设计

1. 开场白：您好！我是某社工机构的社工，非常感谢您能在百忙之中抽出时间接受我的访谈，您的回答对我的研究十分重要！今天我想了解贵机构今年福彩项目开展的情况，包括项目开展过程中取得哪些效果，遇到什么难题等，以便对政府购买社工服务遇到的问题及解决的对策作出研究。

2. 访谈内容

（1）您了解福彩公益金项目吗？您知道福彩公益金项目是谁开展的吗？

（2）您认为该项目对您带来了哪些好处？是否希望有更多这样的活动？

（3）您认为该项目与一般的活动有什么不一样的吗？

（4）您知道社会工作是什么吗？对社会工作了解吗？

（5）您认为该项目开展过程中存在哪些问题呢？

（6）您对该项目的开展有什么建议或者意见呢？

3. 结束语：由于时间关系我们的访谈到这里就结束了，这次的访谈让我了解了很多，受益匪浅。祝您生活愉快！感谢您的积极配合！

第二章

社会工作介入服刑人员子女救助的研究

第一节　导论

近年来，随着服刑人员人数的增长，服刑人员子女群体越来越受到关注，他们的子女存在的很多问题亦呈现出来，如失学危机、行为偏差、心理障碍、家庭内部冲突。服刑人员曾经行为失范，他们的失范行为常常被标签化，再强加到他们的子女身上有失偏颇。一方面，他们的子女的问题来自父母，父母一方或双方服刑后，子女的学习教育、生活照顾、成长陪伴等都有所缺失，这些都成为他们问题产生的诱发因子；另一方面，刑满释放后，夫妻关系、亲子关系、家庭关系、经济支持、权利保护等都可能有所变化，对子女的成长亦造成影响。学界普遍认为，服刑人员子女的问题急需得到解决，而目前国内对服刑人员子女的救助却还远远不够，大部分救助尚停留在政策层面，缺乏具体的操作指导方案。如何利用正式渠道对服刑人员子女进行救助，以及如何充分发挥社会组织与政府部门合作的优势，是本章探讨的主要内容。

一　问题的提出

（一）研究背景

服刑人员的未成年子女是近几年来被社会广泛关注的一类特殊弱势群体，据司法部门于2005年统计，我国监狱服刑的156万名在押犯中，有未成年子女的服刑人员近46万人，而他们的未成年子女超过60万人。[①] 目前，这一群体数量仍呈上升趋势。

研究发现，服刑人员未成年子女现状堪忧。据2005年司法部开展的“监狱服刑人员未成年子女基本问题”的调查显示[②]，半数以上的服刑人员未成年子女生活没有保障，只有不足30%的服刑人员认为孩子目前的生活状况处于有保障状态。由此而带来的辍学、流浪以及乞讨现象严重。由于12%以上的服刑人员未成年子女父母双方均受到过刑罚处罚，全国目前约有6万个服刑人员家庭中的未成年子女的监护权存在事实上的缺失。

笔者了解到服刑人员未成年子女受助状况欠佳。据统计[③]，94.8%的服刑人员未成年子女没有受到过任何形式的社会救助，而受到过社会救助的服刑人员未成年子女仅占总数的5.2％。服刑人员在刑满释放和社区矫正后，司法安置帮扶人员和司法社工会定期探访和跟踪，但是在服刑人员服刑时，服刑人员子女所受到的创伤很难进行了解和帮助，目前做得更多是行政式的安置和询问式的跟踪。但是他们子女的问题是潜在的和多样的。据文献记载，服刑人员子女存在以下问题：（1）家庭经济困难，服刑人员子女超过五成在经济上不能自足，导致生活得不到保障；（2）服刑人员子女存在

---

① 司法部预防犯罪研究所课题组：《监狱服刑人员未成年子女基本情况调查报告》，《犯罪与改造研究》2006年第8期。

② 同上。

③ 沈晨：《关于社会工作介入服刑人员未成年子女救助的研究——以北京市太阳村为例》，硕士学位论文，吉林大学，2012年。

犯罪率高的现象——高于社会上其他未成年人的犯罪率；（3）服刑人员子女辍学现象严重，受教育权得不到保障；（4）服刑人员子女存在乞讨和流浪等现象；（5）服刑人员在监护角色方面功能缺失，他们对子女管教不足，相互间缺乏亲情互动；（6）对服刑人员子女的救助政策不足，救助度比较低，不够全面。

（二）研究问题

服刑人员子女面临着家庭经济、家庭感情、就学、个人心理和行为偏差等问题。这些问题的个别差异很大，很难一一分析。当前司法行政工作人员一方面协助社区矫正社工人员安置帮扶和探访服刑人员子女，另一方面对服刑人员子女所在的家庭层面上提供资源支持。服刑人员子女的管理和安置模式的研究已经存在，但是对于服刑人员子女的家庭结构和功能发挥问题上，如何进行社会工作专业性的帮助，研究还很少。

本章通过收集文献，接触服刑人员子女，并借助广州青年地带项目这一契机，对服刑人员子女的问题进行研究。研究方面主要有以下两点：（1）目前服刑人员子女救助模式分析总结；（2）社会工作介入服刑人员子女救助问题上的实务探索。

（三）研究意义

1. 理论意义

（1）有利于建立完善的社会保障体系。

我国的社会保障主要包括社会救济、社会保险和社会福利。服刑人员子女的救助直接关系到我国的社会救济问题。当前对服刑人员子女的救助依然停留在经济援助的层面，这就要求我国密切提升对这一弱势群体的关注度，努力提高民众的生活水平，尽快完善社会保障体系。[①]

（2）有利于对该群体的个性特征和心理状况进行研究。

服刑人员子女群体存在的个体体征和心理状况很有研究的必要，这一群体产生于社会犯罪和弱势群体的标签下，产生的个体问题千差万别。有针对性地对这一群体进行社会工作的介入分析，有助于理解个体的特征和心理状况，为丰富社会工作干预与介入弱势群体提供新的见解和实证资料。[②]

（3）对社会工作专业发展的推动作用。

近年来，社会工作在珠江三角洲快速发展，社工机构服务点遍地开花，特别是广州、深圳、东莞三地，更是如雨后春笋般地蓬勃发展。在社会工作全面铺开的同时，青年地带对服刑人员子女问题尤为关注。本章以青年地带对服刑人员子女特殊青少年群体进行社会工作救助，探讨当前珠江三角洲一带的社区党群服务中心、家庭综合服务中心、专项形式模式，发现青年地带项目形式的服务如何在司法工作、社区矫正和家庭综合服务中心之间联动和补充，这亦是社会工作实务发展的重要步骤。

2. 实践意义

（1）预防青少年犯罪。

服刑人员子女犯罪问题由多种原因造成，是青少年犯罪不可忽视的一个组成部分。服刑人员子女由于父母在监狱服刑，他们在成长过程中，常常带着被标签化的帽子，遭受到了不公平的待遇，促使他们个体心理的变化——或性格孤僻或易怒易暴等。这很可能造成一些反人类的性格，引发高危犯罪。研究认为，这不是个体的问题，而是此群体遭受了伤害，社会未营造包容的氛围帮助他们健康

---

① 陈天娇：《服刑人员未成年子女社交心理障碍的社会工作介入》，硕士学位论文，长春工业大学，2015 年。

② 沈晨：《关于社会工作介入服刑人员未成年子女救助的研究——以北京市太阳村为例》，硕士学位论文，吉林大学，2012 年。

成长。这就需要服刑人员的家庭、学校、社会共同努力改变这种现状，避免服刑人员子女重蹈父母之辙，避免遭受不公平的待遇。[①]

（2）有利于服刑期间父母的矫治。

服刑人员父母犯罪，但是他们的子女得不到应有的救助，这不利于他们的矫治。他们在狱中最担心的是自己的子女因为自己的过错而遭受不平等的待遇，这会加深服刑人员对社会的仇视感，极不利于矫治。因此，救助有困难的服刑人员的未成年子女，有利于对服刑人员的矫治和改造。[②]

（四）相关概念

1. 服刑人员未成年子女

《世界儿童权利公约》中将未成年人界定为“18 岁以下的任何人”[③]。本章中指的“未成年”主要引用这一界定，“服刑人员未成年子女”主要是指那些父母中至少有一方目前或曾在狱中服刑的 18 岁以下的未成年。

2. 社会救助

社会救助是指国家和其他社会主体对于遭受自然灾害、失去劳动能力以及其他低收入公民给予物质帮助或精神救助，以维持其基本生活需求，保障其最低生活水平的各种措施。它对于调整资源配置，实现社会公平，维护社会稳定具有非常重要的作用。[④]

---

① 李斌：《从禁止令看青少年再犯预防机制的完善》，载《社会管理创新与青少年工作研究报告——第七届（2011）》中国青少年发展论坛暨中国青少年研究会优秀论文集，2011 年 10 月 22 日。

② 沈晨：《关于社会工作介入服刑人员未成年子女救助的研究——以北京市太阳村为例》，硕士学位论文，吉林大学，2012 年。

③ 曾凡林：《服刑人员未成年子女家庭寄养政策制定的基础》，《社会福利》2002 年第 7 期。

④ 冀佳丽：《服刑人员未成年子女的社会工作救助研究——以河南省新乡市太阳村为例》，硕士学位论文，吉林农业大学，2013 年。

3. 家庭系统

家庭系统（family system）是经验家庭治疗中衍生出来的重要概念。家庭是一个稳定的系统，家庭成员的相互作用所产生的有形和无形规则构成了相对稳定的家庭结构和交往模式。同时，家庭系统又是一个开放的系统，家庭不断与家庭外系统发生相互作用，构成了社会有机体。

二 文献综述

（一）服刑人员子女国内救助研究情况

服刑人员子女救助的政策层面的分水岭是2006年《关于开展为了明天——全国服刑人员未成年子女关爱行动的通知》（以下简称《通知》）和《关于加强孤儿救助工作的意见》（以下简称《意见》）的发布。

2006年1月，中央综治委预防青少年违法犯罪工作领导小组发布了《关于流浪未成年人工作的意见》，这是我国首次从政策层面专门针对服刑人员未成年子女救助的文件。《通知》中明确："各级民政部门要在服刑人员未成年子女的抚养、监护、教育、管理等方面制定救助政策。根据不同情况，采取提供最低生活保障、纳入特困户救助、家庭寄养等多种方式开展帮扶救助工作。对无法履行职责的监护人可由民政部门救助机构提供生活照料。"同年3月，民政部、中央综治办等15部委联合发布《意见》，首次将服刑人员未成年子女纳入社会福利事业和社会救助工作之中。《意见》指出"对因父母服刑或其他原因暂时失去生活依靠的未成年人，可以依据相关法律规定妥善安置"。此后，部分省、市也专门针对服刑人员未成年子女的救助出台了意见和方案。但是，配套的实施细则未明确具体的职能部门，救助程序进程缓慢，救助这些弱势未成年人还存在诸多实际问题。[①] 在《社区矫正帮教安置对象管理方案》第二条中规定："开展社区矫正帮教安置工作，应遵循各级党委政府统一领导，司法行政机关具体实施，人民法院、人民检察院、公安机关分工负责，民政、人社、机构编制、财政等部门和工会、共青团、妇联等单位密切配合，社会力量广泛参与实施的原则。"第三条规定："对家庭特别困难的社区矫正对象及其家庭成员在就学、就业、生活和心理等方面的困难和问题提供帮助，帮助他们适应社会。"这说明国家已在关注服刑人员及其子女的问题，并力求妥善解决好。

北京太阳村是为一些流离失所的服刑人员子女施行救助，减少他们的饥饿、失学等问题而建立的，它以民间草根的公益慈善组织机构形式出现。这个特殊的"儿童村"就是后来的太阳村。它通过减少社会矛盾，主动承担社会责任，帮助政府排忧解难，被国内外媒体誉为"世界第一村"。这个中国特殊弱势儿童群体的幸福家园已经遍布全国6个市、县，分别是北京、陕西西安、陕西陇县、河南新乡、江西九江、青海大通县。

北京太阳村救助的内容是：机构通过集中教养、分散助养、临时托管三种方式对服刑人员子女进行救助，分散助养主要针对那些投亲靠友、生活非常困难的服刑人员子女。通过与服刑人员签订一份《委托代养代教协议书》，机构将可代替服刑人员管教他们的子女，集中起服刑人员子女，等他们的父（母）刑满释放后，再交回父母管教。而对于父母被判死刑或者刑期较长的，太阳村将他们抚养到16—18岁，再让其回归社会。太阳村资金来源靠政府补贴、社会筹款募捐、自办产业、父母缴费及爱心人士捐助。[②]

在服刑人员子女个体研究上，薛蕾对49名服刑家庭儿童青少年

---

① 刘新玲、张金霞、杨优君：《中美服刑人员未成年子女救助的理论与实践比较》，《福建行政学院学报》2009年第1期。

② 李卉：《T机构服刑人员未成年子女的需求调查及救助模式的探索》，硕士学位论文，中国社会科学院研究生院，2012年。

进行研究，用 MHT 测验（心理健康诊断测验）和艾森克个性问卷（EPQ，儿童卷）进行检测研究，发现服刑家庭儿童青少年有情绪困扰突出、缺乏自信心、总体心理健康水平劣于普通家庭儿童青少年的问题。①

常田子发现，服刑人员子女犯罪、中途辍学，由此产生自卑心理、逆反心理、妒忌心理，造成家庭环境恶化和社会歧视。她建议强化家庭主人翁精神和营造良好的家庭氛围，充分联系家庭和消除歧视；她还倡导健全、完善国家的社会保障法律制度。②

邓翡斐在《服刑人员未成年子女犯罪问题研究》中，通过社会控制、文化冲突和标签理论对服刑人员子女犯罪问题进行研究，对问题按不同程度进行分类介入。③

在社会组织和社会工作的研究上，张美伦利用工作个案、小组工作方法介入服刑人员子女偏差行为，取得了一定的成效，对个案小组介入过程中的一些关系的建立和小组氛围的掌握进行了经验总结。他提出在介入中要避免先入为主对服刑人员子女贴标签，政府应从政策层面鼓励非营利组织参与救助工作。④

任坤慧建议建立服刑人员未成年子女信息库、鼓励社会力量参与救助工作、以法律的形式专门规定对服刑人员未成年子女的保护、放宽对民间公益组织注册的法律限制，对服刑人员子女进行救助。⑤

---

① 薛蕾：《服刑家庭儿童青少年心理健康状况及心理干预对策研究》，硕士学位论文，陕西师范大学，2008 年。

② 常田子：《服刑人员家庭未成年子女教育问题研究》，硕士学位论文，河南大学，2015 年。

③ 邓翡斐：《服刑人员未成年子女犯罪问题研究》，硕士学位论文，华东政法大学，2014 年。

④ 张美伦：《服刑人员未成年子女行为偏差的社会工作介入探析——以 C 市太阳村儿童为例》，硕士学位论文，吉林大学，2015 年。

⑤ 任坤慧：《服刑人员未成年子女救助问题探析》，硕士学位论文，苏州大学，2016 年。

盛平重点剖析了救助服刑人员未成年子女的民间慈善组织——大连阳光溢鸿儿童村的发展和运行模式，指出儿童村在救助服刑人员未成年子女的过程中发挥了重要的作用。①

王刚义、王秀岩的《儿童村不能忘记——服刑人员未成年子女救助风雨历程》一书，记录了大连服刑人员子女集中生活的儿童村生活过程，他们发现社会组织救助困难重重，呼吁政府和社会组织积极参与服刑人员子女的救助工作。②

郭瑞霞在《澳门服刑人员未成年子女救助探析》中通过对内地和澳门服刑人员子女救助的对比，提出了以下四点：（1）完善未成年人法律保护体系，增强其可操作性；（2）明确政府救助主体和职责分工，确保救助方式实行“无缝对接”；（3）推动并资助民间志愿机构，协助开展社会救助工作；（4）细化救助内容，确保服刑人员未成年子女救助“零空白”。③ 研究发现，服刑人员未成年子女最常见的问题是：（1）情感脆弱，情绪敏感；（2）自卑自闭，缺乏自信；（3）个性内向消极，人际交往不良；（4）问题行为倾向于非亲社会倾向。

闫红丽表示服刑人员家庭生活的核心是亲子关系，一个好的家庭关系使得未成年人能在互动过程中产生正能量，父母与子女之间通过情感互动，实现双向反馈获取，这样父母在家庭中对子女进行管教，帮助子女完成社会化的过程。她建议改善关系可以从以下方面着手：（1）加大实质支持，加强执行力度；（2）明确各部门的职责，多部门联动；（3）在政策中引入发展性理念。④

---

① 盛平：《服刑人员未成年子女救助问题研究——大连阳光溢鸿儿童村的个案分析》，硕士学位论文，大连理工大学，2009 年。

② 王刚义、王秀岩：《儿童村不能忘记——服刑人员未成年子女救助风雨历程》，大连理工大学出版社 2013 年版。

③ 郭瑞霞：《澳门服刑人员未成年子女救助探析》，《山东警察学院学报》2014 年第 4 期。

④ 闫红丽：《服刑人员未成年子女社会救助政策研究》，硕士学位论文，西北农林科技大学，2015 年。

沈辰认为社会工作介入服刑人员未成年子女的救助，应该从个性发展、情绪情感与行为规范、社会适应进行研究，建议从国家层面关注、从社会层面支助、从个人层面介入。[①]

综上所述，我国的服刑人员子女救助上层政策已经具备，但是在落实方面尚显不足。以往研究较多的救助模式是太阳村模式，但它还是属于草根民间组织，救助资源还不够。对服刑人员子女的个体特质和心理层面的研究较多，运用社会组织和社会工作救助的研究比较少。研究内容比较单一，集中体现在服刑人员未成年子女的现状调查方面。

（二）服刑人员子女国外救助研究情况

盖贝尔（Gabel）认为服刑人员子女容易产生反社会行为，他们常常荒废学业，而且更有可能被虐待或忽视，这与他们遭受与父母分离的压力和社会歧视有关。[②]

2000 年穆莫拉（C . J. Mumola）对美国近 150 万服刑人员子女进行了调查，对服刑人员的性别、种族、婚姻状况、受教育程度等基本信息和刑期长短、犯罪性质、犯罪历史等方面进行了比较分析，这使得美国对服刑人员子女有了新的整体认识，由此对这一弱势群体的关注度提高，研究的成果日渐增多。[③]

2005 年，匹兹堡儿童指导基金会（PCGF）经过 18 个月，对阿勒格尼（Allegheny）县的服刑人员未成年子女进行了调查研究，认为应该从五个方面对服刑人员未成年子女的困难进行研究阐释，并

---

① 沈辰：《关于社会工作介入服刑人员未成年子女救助的研究》，硕士学位论文，吉林大学，2012 年。

② Gabel S. , *Children of Incarcerated and Criminal Parents*: *Adjustment*, *Behavior*, *and Prognosis*. Bulletin of the American Academy of Psychiatry and the Law, 1992, pp. 33 – 45.

③ Mumola C. J. , *Incarcerated Parents and Their Children*. Washington, DC: U. S. Department of Justice, 2000.

结合当时的研究成果和调查分析，提出了一些有效的建议和对策。[①]

国外更倾向于研究父母服刑对未成年子女造成的影响。其中具有重大研究意义的可以2003年美国爱达荷州绩效评估办公室对本州服刑父母情况的评估报告为代表，该评估报告具有理论和现实意义。当然，专门针对服刑人员（服刑的父母）单方的研究也有涉及，拉尼尔（1995）的研究认为父亲服刑的最大的问题是子女的监护权丧失，并由此产生亲子关系恶化等一系列问题。

国外救助大致分下面几种制度：（1）家庭寄养制度，这种制度已经非常成熟和规范，很多国家都采用这种救助制度，通常以家庭疗法为主，目的是保障儿童获得一个安全和充满爱的家庭环境；（2）民间慈善机构代养制度，这种制度已比较完善，它要求有专业社工的协助以救助这一特殊人群；（3）经济救助制度，在英国、美国、挪威、澳大利亚等一些国家，服刑人员未成年子女被覆盖在社会保障体系之中，这些国家的法律有着明确规定，服刑人员的未成年子女在没有稳定收入和生活保障的前提下，可以领取救济金以获得相应的救助保障支持。

国外学者关于服刑人员未成年子女的研究，体现在以下方面：第一，在服刑人员与其未成年子女亲子关系的研究方面，蕾妮（Lanie）认为父母因服刑而造成对子女的监护尽责不充分，这是导致父母与子女之间关系不和的重要原因。第二，对服刑人员未成年子女存在问题的研究。以往的研究基本停留在对父母服刑过程中的问题、分析及对策建议。数据显示，目前尚有较多领域无法进行深入研究，例如，研究者以自我主观评述居多，而纵向研究较少。第三，相关立法方面的研究。美国1997年出台了《收养和安全家庭法案》，对严重虐待和忽视孩子的父母采取终止监护资格的措施。2001

---

① Claire A. Walker, *Children of Incarcerated Parents*, Pennsylvania: Pittsburgh Child Guidance Foundation, http://foundationcenter.org/grantmaker/childguidance/linkedfiles/incarcerated.pdf, 2005.

年又颁布了《家庭安全和稳定促进法案》，由政府出资培训专业的社工人员，专门负责对服刑人员子女生活和学习上的指导，减少他们在认知和行为上的偏差。2006 年，美国政府颁布了《儿童与家庭服务改进法案》，进一步完善了服刑人员子女指导工作。美国政府在相关法律上的完善，对保护服刑人员未成年子女起到了特别积极的作用。而反观我国相关立法则显得比较滞后，立法工作者应该借鉴这些国家的经验，完善相关法律法规。①

（三）文献评述

国内对服刑人员子女的救助已经有政策上的支持，如《关于开展为了明天——全国服刑人员未成年子女关爱行动的通知》和《关于加强孤儿救助工作的意见》。但是公检法司、共青团、妇联等机构对服刑人员子女进行救助的具体实践操作有待完善，相对于国外的政策法规明显不足。国内研究大多停留在以太阳村为代表的非营利自主草根项目机构，研究的重点在于对在服刑人员子女的集中教养时子女存在的问题和救助的方法，研究方法主要是利用社会冲突、社会控制、标签理论等方面进行群体性研究，属于较宏观的视角下研究，还有一部分是从服刑人员子女个体的心理困扰进行研究，如：自卑心理、逆反心理、妒忌心理等。

国外的研究较多地集中在服刑人员家庭亲子关系、个体问题及宏观救助政策上。从政策、对家庭的探索、个体问题的研究和社工实务介入方面，国外研究范围比国内广泛。如利用非营利组织机构，参与服刑人员子女救助，并取得了较大的成功。琳达（2003）写了一本专著《Amachi：在费城指导罪犯子女》，描述了如何在非政府组织救助模式下发起对服刑人员未成年子女的救助，并对运行模式、工作方式等提出意见，她总结费城模式成功有四个主要因素，即注

① 陈耀锐：《服刑父亲在未成年子女教育中的缺失及改善研究》，硕士学位论文，四川师范大学，2015 年。

重结构、管理、承诺和资源四大要件的到位。[①]

目前国内研究的不足集中在：对服刑人员子女的集中教养时子女的问题和如何进行救助研究。这些问题反映出正式社区矫正人员与社工的缺位与参与度较小，对服刑人员回归家庭后，如何对该家庭和子女进行介入救助尚待研究。对于中间视角研究较少，如对服刑人员子女家庭的失衡、家庭内部冲突模式、家庭角色功能发挥等。对服刑人员子女社会工作介入的探索不足，在如何有效对家庭角色和内部冲突进行改善方面研究不足。

三　研究方法、研究思路与相关理论

（一）研究方法

1. 文献分析法

本书选择了有关服刑人员未成年子女相关的文献进行参阅和分析，从中提炼理论分析方面和政策研究方面有实践性、应用性的内容，再结合广州青年地带项目的开展，对服刑人员子女的社会工作救助工作进行研究。

2. 个案研究法

本书重点采用了个案研究法，因为服刑人员子女很多问题的出现都呈现个体化，所以介入中以个案的形式，进行资料收集需求评估和服务方案设计与介入。个案手法也是社会工作手法的三大手法之一，个案研究法有利于具体问题具体分析，符合服刑人员子女的特殊性，本书中的个案例子是实际介入的，具有实践性。

3. 访谈法

本书在收集资料、需求评估中以及介入过程中运用了访谈法。社工对服刑人员家庭或子女进行访谈，了解他们的需求和问题，以

---

① 闫红丽：《服刑人员未成年子女社会救助政策研究》，硕士学位论文，西北农林科技大学，2015 年。

社会工作专业的手法帮助他们。整个访谈，通过电访、上门探访等形式进行，这是本研究中一个重要的研究方法。

（二）研究思路

本书的研究思路主要有以下五个步骤：收集相关资料和文献—分析资料和评估需求—实务个案介入—个案总结分析—研究总结和分析。

第一步：收集相关资料和文献。主要是收集服刑人员的相关安置帮扶的法律政策，服刑人员子女常出现的问题、现在的救助状况和社会工作介入救助的状况。对以上资料收集后，进行分析。

第二步：分析资料和评估需求。分析资料是指对上面几大类的资料进行分析和总结，然后对服刑人员子女的需求进行发掘和研究，对服刑人员子女的问题进行个案式的介入研究设计。

第三步：实务个案介入。对个案进行了问题分析和需求评估后，设计了适应的个案介入方案，如服刑人员的政策法规有明文规定的，可作为个案接入的正式资源，对服刑人员子女出现的问题进行分析和需求评估。社工利用社会工作个案介入手法，进行心理疏导、偏差行为纠正，改善家庭关系，亦是本书的实践探索。

第四步：个案总结分析。个案在进行介入后，需要及时记录和分析。记录介入过程，介入中出现的问题，服刑人员子女的改变，个案介入所做的努力和成效分析，并对服刑人员子女问题解决有效的介入和无用的工作进行总结归纳。

第五步：研究总结和分析。本书在服刑人员子女的个案介入和整个研究过程的基础上，分析项目模式中社工的功能和作用，总结研究的成果。

（三）相关理论

1. 家庭系统理论

家庭系统理论最初是由美国心理治疗家默里·鲍恩（Murray

Bowen）教授在20世纪40年代末提出来的，它是建立在系统理论的基础上发展而来的，后又经约翰·豪威尔、玛格丽特·辛格、萨提亚、贝罗迪、海灵格等研究者深入研究与拓展。家庭系统理论目前已发展为一系列比较完善、丰富的理论体系，主要应用于系统式的家庭治疗，同时也是观察和指导协调普通家庭人际关系的重要方法依据。

系统理论的主要观点包括：系统具有边界，在边界之中而非边界之外，物质和精神能量可以进行交换。封闭的系统没有跨边界的交换，如同一个密封的真空杯；当能源跨过可以穿越的边界时，开放的系统就出现了（Payne，2005）。①

家庭系统理论认为系统是一个由要素组成的整体，要素与要素、要素与整体之间是相互影响相互作用的。所有的有机体都是系统，各个系统由不同的子系统组成并相应地成更大系统的一部分。个人系统、家庭系统、社会系统不断互动并产生交互作用，影响系统间和系统内的平衡。②

鲍文认为家庭系统理论是把家庭作为一个情感的小单元，而这个小单元是同系统性的思维来描述内部复杂的相互作用。一个家庭中，家庭成员之间有距离但是又相互联系在一起，成员之间的注意力、认同感和感情会相互影响。在家庭系统中，存在三角关系、自我分化、核心家庭的情绪系统、家庭投射和代际传递、手足位置等关系，这是联系起家庭成员的形式。这些都比我们理解的情感自主性要小而紧。鲍文的理论观点与治疗方法技巧都有自己的特色。③

家庭系统理论为我们认识服刑人员家庭困境提供了一个新的视角并为理解服刑人员家庭困境的成因提供了强有力的解释模型，认

---

① 何雪松：《社会工作理论》，上海人民出版社2007年版，第74页。

② 李青霞：《家庭系统理论视角下失独家庭困境及社会工作介入策略》，《理论观察》2016年第9期。

③ 范令一：《试评述鲍文家庭系统理论》，《才智》2016年第16期。

为正常家庭是相对稳定的，家庭内部有良好的输入、流通、产出、反馈回路和自我保持运转的系统，它能与周边环境保持良好的稳定性，它是一个对周边环境良好适应的系统。但是，在服刑人员服刑后，这种状态被破坏，内部的输入信息被错误化，即是周边环境戴着有色眼镜看待他们家庭成员。内部流通由于服刑人员的缺失而产出障碍，反馈回路破坏，导致整个家庭熵减少而不能良性运转。利用家庭系统理论分析服刑人员子女问题，能充分聚焦在家庭层面，兼顾环境其他系统的配合冲突问题和内部流通障碍问题，从而从家庭层面介入，改变内外部问题。

2. 赋权理论

赋权理论（Empowerment Theory），又译为增权、充权、激发权能、强化权能理论。赋权失败、减权去能即为去权（disempowerment）。美国学者苏利文（Solomon）1976 年在《黑人之增权：社会工作与被压迫的社区》一书中首次提出“赋权”的概念。[①]

“赋权”是一个跨层次的概念体系。“赋权”一词可以从个体和集体两个层面来认识，有学者因此将它分为动机性概念和关系性概念，以区分从个体心理与社会关系两个角度对赋权的界定。从心理学的个体动机角度看，赋权是“赋能”（enabling）或是一种“自我效能”（self – efficiency），它源于个体对自主的内在需求，在这个意义上，赋权就是通过提升强烈的个人效能意识，以增强个体达成目标的动机，它让个体感受到自己在控制局面的过程（Conger & Kanungo，1988）。[②]

苏利文认为赋权是针对案主所采取的一系列过程，旨在减少基于污名群体的成员的负面评价而形成的无力感。对于很多受压制的

---

① 陈树强：《增权：社会工作理论与实践的新视角》，《社会学研究》2003 年第 5 期，第 70—83 页。

② Conger，J. A.，Kanungo，R. N.，The Empowerment Process：Integrating Theory and Practice，*The Academy of Management Review*，No. 13，1988，pp. 471 – 482.

人群而言，他们可能面临一系列的权利障碍，包括间接性的和直接性的。这些权利障碍可能对他们协调人际关系，充分运用社会制度去进一步提高自己的能力过程产生影响，而这些能力的拥有有利于接受并扮演重要角色。

赋权的干预是从三个层次进行的：一是个人层次，个人能感觉到自己有能力去影响或者解决问题；二是人际层次，个人与他人合作过程中产生的问题和解决问题的经验；三是政治层次，能够促成政策或者政治层面的改变。①

笔者认为，根据赋权理论，服刑人员子女问题可以通过介入以上三个层面，充分发挥赋权的干预作用。服刑人员和他们的子女是被污名、被标签化下的弱势群体，由于权益上的无力感和自我否认，家庭的一系列权利都将受到损害。社工应该通过与他们一同行动，进行赋权和连接资源，减少基于污名群体的成员的负面评价而形成的无力感。

3. 社会支持理论

社会支持作为一个科学的专业术语产生于20世纪70年代的精神病学文献，之后，“社会支持”一词渐被运用于心理学、精神病学、社会学甚至犯罪学领域中。但由于研究者的研究目的和理论视角有所不同，社会支持的内涵各有差异。国外研究者多以社会支持内容和社会支持手段为研究视角。如韦尔曼将社会支持分为情感支持、小宗服务、大宗服务、经济支持、陪伴支持五项；库恩等人将社会支持分为归属支持、满足自尊的支持、物质性支持和赞成性支持四项；卡纳特和罗素将社会支持分为情感性支持、社会整合或网络支持、满足自尊的支持、物质性支持、信息支持等。在支持手段上强调社会网络的构成及社会网络怎样为个人提供社会支持等。②

---

① Lee M. Y. , Greene G. J. , A Social Constructicist Framework for Integrating Gross – cultural Issues in Teaching Clinical Social Work, *Journal of Social Work Education*, No. 35, 1999, pp. 21 – 37.

② 刘志芬：《社会支持的研究综述》，《文史资料》2011年10月下旬。

社会支持理论认为人的资源可以分为两种，即个人的资源与社会的资源，这都是社会支持网络在个人拥有的资源基础上成立的。其中个人资源主要包括个人的自我功能和应对能力，而社会资源是指个人社会网络的广度和网络中的人所能提供的社会支持功能的程度。

关于社会支持的定义，学界尚未达成共识，根据不同的研究角度，通过阅读文献，可以总结为以下几种定义。从社会支持的功能角度，社会支持是使某人相信被关心、被爱、有自尊、有价值的信息，也能看作具有“促进扶持、帮助或支撑事物的行为或过程”。从社会支持的作用角度讲，社会支持是从社会环境中获得的，能够满足个体需要的各种帮助；还有学者从社会支持的来源定义社会支持，社会支持是个体感知到的或可以得到一种帮助，源于他人的一般性或特定性支持行为。

笔者认为，服刑人员的家庭成员因为服刑而缺少相应的支持，应该提供替代或者补充的社会支持和家庭内部支持。服刑人员家庭在社会层面的支持上也较弱，亲戚或者社区的居民避而远之，缺少了非正式资源的支持。社工可以从支持理论下分析，发掘缺失的支持资源，进行连接和补充，减少因为支持不足而产生的子女问题。

第二节　社会工作介入服刑人员子女救助模式

一　社会工作介入服刑人员子女救助的优势

（一）价值伦理

1. 平等接纳原则

社会工作的基本原则是平等与接纳，在面对服刑人员子女的时候，社工应当平等看待他们。作为受牵连和潜在受伤害的子女，应该和其他未成年青少年一样得到同样的权利，如教育、安全和身心健康发展等需要。社工不能因为他们的父母触犯了刑律就排斥或歧视他们，而应该用专业性的方法关注他们的需求，理解并接纳他们。

2. 保密原则

服刑人员子女是属于特殊青少年群体，社会工作专业研究和介入的时候，特别要注意对他们父母信息的保密。因为服刑人员属于社会敏感人群，如果保密不当，很可能给服刑人员子女造成伤害。服刑人员子女常常不愿意谈起他们的父母，他们的内心普遍存在自卑心理。这就要求社工要管理好他们的信息，避免他们被标签化和污名化。

3. 中立性原则

社会工作的重要特点是中立性，社工在研究和介入时，需要注意对案主的行为进行客观性地看待和分析。服刑人员子女因被社会标签化，社会上“龙生龙，凤生凤，老鼠生来会打洞”的传统观念意识还很严重，这会错误地把父母的罪过强加到子女身上，对服刑人员子女存在偏见。由此，社工应当保持客观中立的态度，收集各方资料，实事求是地对案主进行需求评估，介入时对案主的偏差行为或心理保持客观的看待原则。

以上基本伦理原则，在介入服刑人员子女的社会工作方面很有优势。其中，尊重和接纳原则是建立关系的基础，保密原则能给服刑人员子女这一特殊群体给予保护，中立原则能帮助社工更为清晰地看到他们的优势和家庭结构，减少主观论断。

（二）介入专业方法优势

个案方法是现代社会工作中的三大方法之一，个案方法是指在社会工作理论价值下，用科学的专业知识和技巧、针对有困难的个人或者家庭提供物质或者心理方面的支持和服务，帮助个人提升能力，解决困难，发掘生命潜能，不断提高个人和社会的福利水平。个案方法对个人提供专业服务，它重在对个人能力的改变，同时针对周围环境的缺失不足之处，进行资源链接和政策反馈。

服刑人员子女家庭失衡问题个体差异度高，群体标签化严重，社会关注比较敏感，服刑人员子女受服刑父母影响大。在救助服刑人员子女时，在服刑人员子女家庭失衡问题上，采用个案方法，就能发挥社会工作专业的助人作用。

二、广州X区青年地带项目救助服刑人员子女模式

（一）广州X区青年地带项目简介

随着社会由“熟人社会”向“陌生人社会”转变，青年人的价值取向、行为取向、生存状态及其个体性需求呈现多元化的发展态势，单一的学校教育、家庭教育已经不能满足新时期青少年的发展需求。“青年地带”是首批青少年事务社会工作试点，是实现青少年交流、组织、服务的重要平台，它的宗旨是运用社会工作理论和方法加强青少年的教育、管理以及服务，以专业化、个性化的方式解决青少年现实问题，挖掘青少年潜能，帮助青少年良好发展，并有效弥补现有学校教育“应试化”和社区服务“行政化”的不足，从更深层次解决青少年成长和就业过程中面临的各种问题。目前，它成为应对青少年的服务诉求和问题而成立的“专科医院”，对于有效联系、服务全体青少年，做好党的青年群众工作具有重要意义。

预防青少年违法犯罪服务站（“青年地带”）为青少年群体提供超前预防、临界预防和矫正预防的社会服务，重点为街道、学校、社区以及其他社会组织搭建失业、失学、失足、失管及边缘青少年转介的服务平台。

其中“青年地带”的服务对象有以下几类：

1. 6—25岁的户籍青少年和未成年子女；
2. 有不良行为的普通在校学生；
3. 受到公安机关处理的有严重不良行为的未成年人；
4. 社区“两需”青少年；
5. 困境未成年人；
6. 留守儿童；
7. 未成年社区服刑人员；

8. 涉及犯罪案件办理过程中的未成年人；

9. 服刑人员的未成年子女；

10. 在读的学生。

服务项目点采取 3 +2 模式，即三类涉案的服务类型加上两类自选类型，其中 X 区的自选类就包括服刑人员子女这一板块。“青年地带”社工主要根据司法部门提供服刑人员子女的数据信息，与司法部门、社区矫正部门合作，对服刑人员子女进行电访评估、上门探访、需求发掘、个案辅导介入、后期动态跟踪等工作。

（二）“青年地带”与司法部门的合作模式

“青年地带”是由共青团广州市委和广州市各区委共同出资购买的服务，每个区根据自已区的青少年服务特点采用 3 +2 模式，使之基本覆盖了上面十类人。在服刑人员子女服务这一块，X 区已和司法部门达成协议，合作模式如图 2—1 所示。

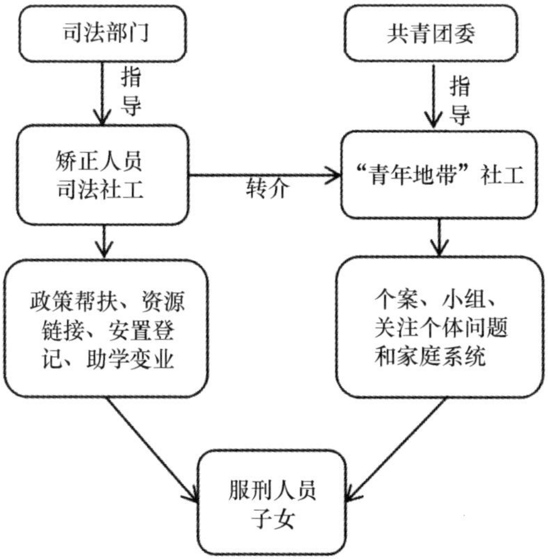

图 2—1　“青年地带”社工与司法部门的合作模式

1. 合作机制

先由团区委和司法部门协商沟通，再由司法矫正部门、社区矫正机构及“青年地带”项目负责人进行具体的合作事宜协商。司法矫正、社区矫正部门主要负责刑满释放和社区矫正的登记、安帮置教，工作形式主要是走访、探访、评估。“青年地带”项目负责人主要关注服刑人员子女的个人需求层面和家庭的内部沟通以及恢复良好关系层面，工作形式主要是个案辅导、小组辅导、家庭沟通模式指导。

2. 转介

“青年地带”社工进行个案辅导的对象遇有以下情况时需要转介：安置帮教和社区服刑的子女出现了心理问题、家庭沟通问题以及个人需求过于强烈时；服刑人员子女存在被欺凌、行为矫正等方面的需求时。

3. 资源链接

在“青年地带”，社工发现有需要经济支持的服刑人员未成年子女，可与司法社工沟通获得资助。如有助学需求时，可联系社区矫正或者安置帮教部门获得相应资源；如有就医需求，可联系医院义诊减免费用；如有法律援助需求，可寻找街道司法所或律师事务所的帮助。

（三）合作模式的优势

1. 政策优势

司法部门和社区矫正部门联合下发的文件，可操作性不强，因为它带着较浓的行政色彩。而“青年地带”是在团区委的指导下，将相关工作落实下去，既是政策层面上的“无缝对接”，也是社工实务上的对接。

2. 专业优势

“青年地带”社工大多是社会工作专科毕业后从事社会工作的人员，在司法矫正和社区矫正大而不细的工作服务下，社会工作者应更加注重服刑人员子女的个体需求，从服务对象的需求出发，关注个体心理，从而解决内在的心理和需求问题。社会工作者可利用个案、小组工作或者社区服务的手法，对服务对象提供帮助。

3. 资源整合优势

从司法矫正和社区矫正的政策性来说，服刑人员和服刑人员子女都已被纳入社会关注和保障的范围，但是政策链接和投入的整合度不高，所取得的效果也不明显，这就需要社会工作者利用专业知识，把政策的指导性意见发挥出来，扎根实处，将服刑人员子女链接到政策助学助业中，联系心理医生和律师进行心理辅导、提高自我权益保护免受侵害等。

第三节　青年地带项目介入服刑人员子女问题个案过程

一　个案分析

（一）家庭系统理论介入服刑人员子女案例

1. 案例 1 背景资料

此案例由司法部门社工转介提供。

案主 Y，16 岁，初中毕业，现就读于一所职业学院。Y 沉迷于网络游戏，回到家就打游戏。Y 父亲于 2014 年因交通肇事罪服刑一年多，服刑出来后，Y 和父亲交流存在障碍，Y 父亲严厉管教 Y 的网络游戏问题，致使 Y 与父亲关系紧张。Y 母亲与 Y 父亲服刑前感情良好，但 Y 父亲服刑出来后，与 Y 母亲关系也变得紧张，经常吵架，Y 父亲多次提出离婚。Y 还有一个姐姐，19 岁，现在已经工作。

2. 家庭系统理论介入分析

家庭系统理论认为对问题的评估要聚焦在家庭层面，对家庭结构图、沟通系统、家庭与周围环境的配合度进行检视，通过分析，理解家庭系统如何影响家庭成员，进而在此基础上发现问题。具体介入步骤：第一阶段：陈述问题、询问观察、初步接触、收集数据、分析系统；第二阶段：设定目标和策略；第三阶段：形成和维持行动系统；第四阶段：终止行动与评估。

第一阶段：陈述问题、询问观察、初步接触、收集数据、分析系统。

在电话访问中，社工了解到案主沉迷于打网络游戏，和父亲交流有障碍。但对于案主家庭真实状况以及问题的成因，还是需要实际的接触探索。

家庭系统理论认为，一个人除了能拥有独立自主的能力以外，能够与人群，尤其是亲密的人保持稳定、自在的联系是非常重要的。Y 打网络游戏的行为是否是网瘾问题，是客观的判断还是家庭的说辞描述；是单单沉迷于网络游戏，还是与家庭成员关系背后的问题相关。

社工进行第一次家访。社工来到 Y 家，Y 与父母及姐姐都在家，大家在客厅里看电视。社工自我介绍后，询问起家里的情况，Y 的父亲说，他出狱后，曾有司法社工跟进和电话访问过。Y 的母亲说，Y 喜欢打网络游戏，现在 Y 的父亲和自己有时会吵架，次数比服刑前多了，就女儿比较让人省心、懂事。以下是社工同 Y 家庭成员的部分交谈记录：

Y 父亲：Y“网瘾”好严重的，回到家里不出去，就打游戏，我现在不知道怎么说他。（无奈地看 Y，Y 不好意思低着头）

社工：刚才你说 Y 喜欢打网络游戏，他是只要放学回来就打吗？其他事都不做了？

Y 母亲：这个倒不会，有时让他做饭，或者出去买东西，Y 都很听话的，是他爸太严了。（Y 在旁边点头）

社工：就是说他这个打游戏的时间比较长，但是你们有事情让他做，他还是肯放下游戏来帮助你们的，是这个意思吗？

Y 父亲：这个是，就是我觉得他不该这么打游戏，一天到晚你打游戏有什么出息呀！你以后出到社会上时，你什么都不会，这样怎么行呢？（Y 父亲抱怨地说）

Y 母亲：我觉得还好，他不出去上网，要是出去上网吧跟着那些社会上的人更容易学坏。

……

从上面家访内容可了解到，Y 对于网络游戏的“瘾”仍处于能自控的状态，打网络游戏的原因是他回家后没有人陪伴。Y 感受不到父亲的关爱，父亲与 Y 存在不正确的交流方式，由此 Y 得不到理解。父母对 Y 的网瘾存在偏见，父母与子女之间缺乏有效的沟通。这些情况加剧了 Y 的网瘾问题。

家庭系统理论认为，家庭是一个由要素与要素、要素与整体组成的紧密的整合体，在整合体内部，各有机体和各子系统之间组成了一个大的系统，其内部各个部分相互影响和相互作用。社工通过家庭生态系统图（见图 2—2），结合案主自身及家庭情况，以更好地分析案主及其家庭存在的问题。

在图 2—2 中，我们可以看出，案主父母亲之间关系紧张，存在冲突、吵架。而案主与父亲之间常常争吵，案主的父亲批评他常常上网，案主对父亲的抱怨不能接受。案主的母亲则认为，案主上网不算行为偏差，这与丈夫的观点不一致，导致夫妻之间发生思想冲突，案主姐姐与案主及其父母的关系一般。

从接触面谈了解到，现在案主家庭面临的主要问题有以下几个：

（1）案主打游戏时间过长，认为自己没有其他能做的事，案主存在的错误认知需要转变；

图示：

（1）身份： 男□ 女○ 案主◎

（2）关系线：一般 — 亲密 ═ 纠缠 ≡ 冲突 /\/\/

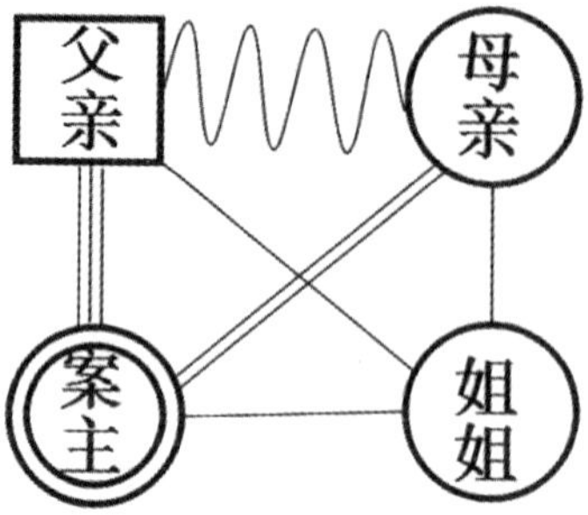

图2—2 案例1家庭生态系统图

（2）案主的父亲和案主存在不合理的交流方式，导致父子间没有良好的沟通，这种沟通方式需要改变；

（3）案主的母亲与父亲对案主网瘾存在不一致看法，案主家庭内部系统失衡，内部沟通不良。案主父母亲之间的关系需要得到改善，以保持内部平衡。

第二阶段：设定目标和策略。

家庭系统认为，原来的家庭系统出现问题，需要外部系统进行输入。案例中的外部系统包括正式资源系统、社区系统、案主家庭系统、社工系统。社工系统是输入中的重要力量，社工通过问题发掘，设定了以下基本目标。

（1）协助案主改变对不合理打游戏的错误认知，努力从行动上减少打游戏时间；

（2）指导案主改变与父亲之间的沟通方式，促使他们构建良好的沟通关系，增强有效沟通的效果；

（3）案主的父母之间需要良好沟通关系的学习模式，这样可增进父母之间的关系，提升案主家庭内部良好沟通能力，促使案主家庭系统稳定。

社工为达到以上目标，设定了以下介入策略。

（1）与案主进行面谈，初步了解案主的想法，改变案主的错误认知；

（2）进行角色扮演，与案主的父亲交流，指导正确的与案主交流的方式；

（3）进行面谈，建议案主的父母亲之间互相了解，在相关问题上达成一致看法，增强案主家庭内部良好沟通能力，增进案主家庭系统的稳定性。

第三阶段：形成和维持行动系统。

家庭系统理论介入中，需要取得初步联系和协商合约，同时处理对抗关系，如案主的反应和担忧；接纳和了解对抗，提供新信息；积极鼓励，设立实验性目标。此案例中，社工通过第一次家访，与案主有了初步的联系，接下来主要是通过与案主及其家庭成员达成一致，提供新信息和鼓励希望，然后运用角色扮演矫正不良的沟通关系。

社工提供新信息、鼓励希望和设立实验性目标，最后协商合约。

社工：其实，从你的角度来说，回到家里没什么事做，家里周边朋友比较少，所以在你看来打游戏是正常的。

案主：是啊，不打游戏都不知道干吗。

社工：你上次说，你希望爸妈不要吵架，家里大家关系好。如果你接着打下去，你和你父母关系会变坏，我想这并不是你想看到的。

案主：这……嗯，的确是。我不知道有什么可做的，不打游戏的话很无聊。

社工：假如不打游戏的话，你觉得爸妈会怎么想？

案主：嗯……爸妈肯定很开心了，然后我可能会喜欢上其他兴趣爱好吧，学习成绩也许会好点。

社工：从你上面说的，打游戏能让你在那时感觉很爽，可以忘记一些不开心的事情，但是一直打下去，和爸妈的关系会变糟糕，自己学习成绩也会下降。跳出这个圈子看看，如果不打的话会感觉很无聊，时间难过。但是你与爸妈之间关系可能会变好，你也会学习其他一些兴趣，这其实是你可以自己选择的。

案主：我不知道能不能做到。

社工：我相信你可以的，我可以和你父母谈谈，转告你的想法给他们，希望我们一起努力，可以吗？

案主：好的，试试吧。

……

案主认识到自己玩游戏不是自己一个人的原因，了解到父母与自己想法行为之间的对抗，提出了减少打游戏时间，以让父母对自己的关注多一点的实验性目标，以期改善家庭系统，减少矛盾。社工鼓励案主要树立改变的信心，一起努力协商合约。

“角色扮演”改善家庭不良沟通模式：

社工：你现在和Y交流会出现障碍，他不愿意和你说话，是这样的吗？

案主父亲：嗯，就是他不愿意听我讲，叫他打游戏少点他懒得听，不耐烦。

社工：你觉得他不愿意和你说话，以前是这样吗？

案主父亲：以前不会，但是现在我看到小孩打游戏就火，我说话比较重，太严厉了吧……

社工让案主父亲演示了一遍与Y交流的过程。

社工：嗯嗯，如果是我的话，他都愿意和我聊天的。现在你是Y可以吗？我扮演你的角色。(让案主父亲假装是Y)

案主父亲：嗯嗯。

社工：(我站起来）Y，你给我回去看书，（手指指向电脑）再打信不信我把电脑没收了！(声色俱厉地模仿案主父亲)

案主父亲模仿Y，赌气把门“砰”地关上。

……

社工：刚刚我模仿你，对Y进行指责，你模仿Y把门关上，当时感觉如何？

案主父亲：挺不舒服的。

社工：嗯，为什么不舒服呢？你平时也是这样和Y交流的。

案主父亲：就是知道你刚才说的都是对的，但是还是心里会不舒服。

社工：嗯嗯，可能现在你对Y当时的感受有了体会。

……

社工接下来模仿了与Y交流的场景，社工坐下来，与Y平视。和Y交流打游戏，在游戏中感受如何……建议案主的父亲以平等的态度与Y进行交流，而不是指责和从上往下的态度进行。

社工与案主父亲母亲面谈

社工：据Y说，你们有时会吵架闹离婚，Y其实心里很难受。

案主母亲：是啊，他（指案主父亲）出来后，就对我越来越冷淡，很多事情也不和我说，我回家他也不与我打招呼，有一次快一个月没和我说话。有时就是吵架，说什么离婚，我越听越气。每次都跟他说，那次开车出事，不是你一个人的错，而且过去了。他自从出来后就这样，现在上班也没心思。

社工：(面向案主父亲）她刚刚说的是大部分符合情况吧？

案主父亲：（点头）是啊，就是感觉生活没滋味，不如以前的日子。

社工：是说你出这事后，感觉心理有落差，难以适应现在的生活吗？

案主父亲：怎么说呢，现在我是一辈子不能开车，也不敢开了。换了工作，没有其他朋友，感觉日子难过。

社工：嗯嗯，的确是。你因为这事，心里有阴影，朋友也少了。换了工作环境，更是没有以前工作的激情，心里难受是很正常的。

案主母亲：他有时回来也不和我说话，看到Y打游戏就骂，我们忍不住就吵架。我现在才知道他心里想着那么多东西，哎！

社工：你们知道，在Y面前吵架，他心里会多么难过吗？你们吵架应该关起门来，商量好了再出来。

……

案主的父亲服刑后，自我认知能力有偏差，在心理上有些不平衡，不能接受自己现在的状态，把一些负面情绪转移到案主的教育问题上进行宣泄。案主的父母亲沟通有障碍，社工进行指导，引导各自说出自己的观点想法，了解彼此需求。为沟通模式的建立打下了基础，并在此基础上进行建议，不要在案主面前因为观念不一致而导致吵架。

家庭系统理论认为，助人过程应该是协助家庭成员寻求系统的支持以促进个人和环境的双重改变。在介入过程中，社工积极鼓励案主的父亲多交朋友，当社工了解到案主的父亲有创业的想法时，社工给予恰当的鼓励，让案主的父亲找回自信并减少服刑后的心理落差。社工与案主家庭进行了个体的面谈，让成员认识到问题的存在和各自不良行为对其他家庭成员产生的影响有关，应尝试改变。

社工与案主家庭成员一起开展行动改变计划。

案主：每天回来打游戏时间不得超过1小时，遇到问题要和父母商量，说出自己的想法。

案主父亲：关注案主的需求，保持与儿子、妻子良好的沟通模式，找到适当目标，减少服刑后心理落差。

案主母亲：社工协助案主减少心理落差，监督案主改变行动的落实情况。关注案主的想法需求，共同维护好家庭系统。

第四阶段：终止行动与评估

社工经过介入，后续回访了一次，并持续电访。发现社工对案主家庭关系介入的成效较好，案主的错误认知得到改变，打游戏的时间减少了，案主的父亲与案主之间的沟通效果也更好了，案主父母之间的沟通关系也有了改善，案主家庭成员也习得了良好的沟通模式，案主的父亲舒缓了服刑后的心理落差给家庭的负面影响，案主的父母对彼此的需求和心理想法有了更深的了解，对案主的问题能达成一致看法，改善了沟通模式，一同为案主的改变而努力，取得了较好的效果。

3. 个案小结

介入后，社工在后期与案主和案主家庭成员进行了回顾，肯定了大家所做的努力。案主的问题表面是网瘾问题，背后反映的却是家庭环境中案主父爱和母爱的缺失。父亲服刑期满后，回到家里，个人心理阴影对家庭沟通模式的影响，导致家庭内部系统失衡，案主的行为是触发点。案主的父亲服刑回来后，与妻子之间感情关系恶化，是家庭内部失衡的重要原因。因为案主父母亲观念不一致，直接对案主的行为产生了两种影响，案主夹在中间，与父亲的沟通不顺畅，导致了父亲与案主之间的矛盾。

家庭内部系统的失衡，必然会导致其他人和要素的改变，因为事物之间和事物内部之间相互影响、相互制约。社工通过与案主的父母沟通，并了解案主的需求，提出了有效沟通的建议，得到家庭成员的一致认同，他们在生活中付诸实施，取得了较好的沟通效果，由此修复了家庭内部的平衡。由于服刑会对服刑人员的家庭造成冲击，因此服刑人员家庭情况的改变，需要外在的有力补充和调整，以增强和改善家庭内部的关系。

（二）赋权理论介入服刑人员子女案例

1. 案例背景资料

案例2由司法部门社工转介提供。

案主W，性别：女，今年8岁。案主母亲因为诈骗罪于2014年9月被判刑入狱10个月。案主共有4个兄弟姐妹，姐姐10岁，妹妹6岁，弟弟4岁。现案主的母亲服刑10个月期满，现在某超市做洗衣液等商品促销员，月收入2000多元。案主的父亲打散工，工资收入不稳定，多时月收入3000元左右，少时1000多元。现家里经济紧张，案主和姐姐读书，每学期学费3000多元（民办学校）。案主现就读于小学二年级，姐姐就读于小学四年级，妹妹和弟弟还没读书。案主曾在学校不小心下楼梯扭到脚肿了。案主目前有不良情绪，不愿和人沟通。母亲服刑回来，与案主的沟通存在障碍，案主父母亲之间因家庭经济紧张而经常吵架，父亲管教比较严格，案主和姐姐不听话会挨骂。

2. 赋权理论介入分析

此案例中，很重要的特征就是服刑家庭中，权利的失能、家庭经济的支持以及权利维护方面的不足。社工根据情况进行赋权理论的介入分析。

（1）询问案主故事。

社工第一次与案主母亲电访，案主的母亲说自己出狱后，司法社工曾帮助过自己。

社工：您好，请问是W的母亲吗？我是X区“青年地带”的刘社工。

W母亲：哦哦，是刘社工啊，你好啊！

社工：我们从资料上了解到，你的女儿 W 现在有不良情绪，请问能具体说说吗？

W 母亲：我女儿现在不肯和我说话，上次她在学校脚受伤了，现在拍了片还在搽药，哎……我回来这么久，她很少和我说话，我现在不知道怎么办？

社工：哦哦，回来不愿和你交流，这样的确会感到伤心。那现在她的脚怎么样了，能正常走路吗？

W 母亲：能走路，这事过去有一段时间了，是去年年底发生的，我当时被关在里面，所以一些事情都是她爸爸在做。现在就是抓了中药在搽，还有点肿块。

社工：这样啊。

社工：那现在你们住一起吗？

W 母亲：是啊，我和她爸、她两姐妹住在一起。还有两个小的和她奶奶住在老家。

社工：资料上显示现在家庭经济不怎么好，能具体说一说吗？

W 母亲：现在我在超市卖洗衣液，月收入 2000 多元；她爸爸打散工（装修），有活干就有点收入，没活干就没有收入。

社工：嗯嗯，这样的话，家庭经济会显紧张。那请问 W 什么时间有空，我能和 W 聊聊吗？

W 母亲：嗯，可以的，下周日吧，她们两姐妹都在。

……

第一次面谈

下周日下午 3 时许，社工来到案主家里，和案主聊及她的学习问题，案主说姐姐英语比较好，成绩中游。案主的母亲说案主的总体成绩稍微好一点，但她的数学比较差。我和案主聊及她们和家人关系怎么样，她说和妈妈关系比较亲，和爸爸较疏远，因为爸爸常骂她们不听话。

社工与案主单独面谈：

社工：你和妈妈平时交流多不多啊？

案主：妈妈出去了好久，她回来后比较少说话。

社工：你觉得妈妈爱不爱你呢？想和妈妈说话吗？

案主：我怕妈妈走了不回来了，上次她有一个晚上没回来，我就怕。

社工：那你得和妈妈说啊，妈妈其实很爱你的。

案主：妈妈上班，周六和周日不能和其他人一样出去玩，我想和妈妈一起去玩。

社工：那我让妈妈多陪你出去玩好吗？但是周六周日出去的话，这就有时间限制哦。完成作业后，出去玩半天怎么样？

案主：好啊，好久没和妈妈出去玩了。

……

上述反映了案主的母亲回归家庭后，女儿与她的距离和生疏感加大。而案主的母亲对于家庭成员的变化未及时关注，对女儿在自己服刑期间产生的心理阴影没有很好地疏导和解释。服刑出来后因为经济压力，让案主母亲无暇顾及家庭成员的变化，致使家庭沟通更加纠缠，导致不良模式出现。

（2）辨识无力感区域和干预层面。

在案例中，案主的女儿在学校脚部受伤后，家人对此虽然有跟进，但是对学校、保险和社会没有太多的自我权益保护的意识。女儿在学校受伤，学校负有不可避免的责任，但是案主的父亲在其母亲服刑期间，未及时跟进案主的情况，跟进后也不了了之。这充分说明案主家庭成员因为案主的母亲服刑这一事件带来了权利丧失和内在无力感。在案例中，案主的母亲是服刑人员，家庭经济因劳动力的减少而受到影响。案主存在失学的危机，需要从正式资源获取帮助。在案例中，案主家庭因为案主的母亲服刑一事，成了人们眼中负面的符号，冲击了家庭整体的保护、抵抗及发展能力。

赋权理论认为，在早期的家庭生活中获得的良好经验带给了他们参与社会互动的信心与能力，这增强了他们协调人际关系的能力和自我适应社会的能力。在案主家庭中，男女不平等的旧观念造成家庭关系紧张。案主在这样的家庭中成长，渐渐失去了自我发展的信心，认为自己比弟弟差，父亲对自己的责骂是对的，自己就是不好的。这样家庭内部的沟通出现了不平等的现象。而案主的父母亲对案主的态度不一致，加剧了案主家庭内部的紧张关系。

赋权的干预有三个层次：一是个人层次，个人感到自己有能力去影响或者解决问题；二是人际层次，个人与他人合作去解决问题；三是政治层次，能够促成政策或者政治层面的改变。

在案例中，社工对案主家庭成员的介入和压制问题可从以下三个方面着手：

第一，在个人层次上，需要感觉自己有能力解决自己的脚部受伤和经济困难的问题；

第二，在人际层次上，个人与他人合作去解决问题，即社会工作者要与案主同行，在介入的过程中减少一些负面标签造成的负面影响；

第三，三在政治层面上，应该呼吁政府和社会对服刑人员家庭进行帮扶。

（3）签订契约和明确任务。

赋权取向既要创造正式机制引导案主积极参与到社会组织中，又要采取策略给社工营造心理赋权的机会。这就要求案主与社工建立起良好的合作关系，便于社工挖掘案主所需的资源、提供意识觉醒以及寻找和申请资源。

案主希望母亲多关心自己，案主的母亲希望能跟进女儿脚受伤的维权进程，获得经济援助的资源，在家庭的沟通模式方面，社工与案主及案主的母亲进行协商，希望能一起努力，共同行动。以下是具体任务：

一是跟进案主的脚受伤的问题，和案主的母亲了解具体情况，向所在地街道的律师咨询保险报销的相关事项。

二是联系司法矫正的相关部门，取得资源链接，对案主助学进行帮扶。

三是对案主家庭内部沟通存在的问题，指导正确的交流模式，促进案主家庭内部男女平等权利意识的提高。

（4）压制问题的互动实践。

关注案主的需求，社工跟进案主脚受伤的权益保护。赋权是一个过程，社会工作者与案主要一道参与活动，目的在于降低被耻辱烙印化的成员的维权能力。社工与案主家庭成员一道，共同维权。

社工在与案主的母亲交流后，了解到案主担心自己出去又不回来，忍不住流下泪水，于是告诉社工自己服刑出来，想着家庭经济压力大，上班忙，目的是想多赚点钱回家。这段时间女儿的沉默才让自己发现问题很严重。社工提醒案主的母亲：案主处于成长阶段，需要母亲投入更多的时间和精力关注和关爱小孩，因此，建议案主的母亲多陪陪女儿。

首先，社工提供了律师的信息，建议案主的母亲如遇法律问题向律师咨询。社工与案主的母亲一起来到某街道律师办公室。

> “你好！有什么问题需要咨询的吗？”女律师面带笑容地问。
>
> 社工提示案主的母亲：你把问题说出来，她能回答你的问题。
>
> 案主母亲：我女儿去年在学校不小心下楼梯弄到脚，拍了片子，医疗费用没报销。
>
> 女律师：学校只是代办保险，你可以拨打保险公司的电话咨询。
>
> ……

社工建议案主的母亲回去找保险单，对权益受侵害的问题要进行维权，对案主和案主的母亲进行了赋权。

其次，联系司法矫正部门，提升案主助学的经济支持。面对案主的家庭经济问题，是否有相关的政策帮扶呢？社工联系到了X区的司法所，向社区矫正社工了解情况，提供了一个助学圆梦计划，内容是一个关于服刑人员子女上学经济困难的帮扶计划。

社工鼓励案主的母亲申请帮扶，但是没有案主的安置帮扶登记信息，需要案主的母亲重新去司法所登记，拿判决书或者出狱证明去登记。而案主的母亲的判决书在警察局里。社工督促案主的母亲要去登记，只有登记了安置帮扶，才能享受到相关的正式资源的帮扶。

案主陪同母亲来到司法所进行登记。司法人员告诉我们这个计划是每年都有的，每个服刑人员子女在上学时面临经济困难，就可以申请。办理后半个多月，社区矫正工作人员对案主家庭进行了评估，认为符合救助的条件，也顺利得到了1000元的助学金。

通过与案主的母亲一同进行安置帮扶登记，连接助学金资源的行动，对案主母亲进行了赋权。让案主母亲知道了如何保护自己和家人的权益，进而获得了自助能力。

最后，改变不良家庭沟通模式，社工与案主父亲沟通。

社工：据W反映说，她和姐姐不听话，你有时会采用打骂的形式，是这样吗？

案主父亲：是，前段时间，她妈妈不在。我一个人要出去干活，她们两个在家，回来不做作业，叫她们去洗澡也不听，忍不住就打骂了。

社工：嗯，理解你的感受，一个人工作不容易，还得管好两个孩子。

案主父亲：我知道这样的方式不对，可是有时候忍不住，也不知道怎么和她们好好说，说她们有时又不听。

社工：那其实你能不能蹲下来，听听她们的想法，用平等交流的方式进行呢？她们虽然还小，不过我相信她们也是能感受到的。

社工父亲：我很少这样做，感觉她们还小，不懂事。

社工：可以试试，尽量少用责骂等方式，这样孩子只会越来越不愿意和你交流，现在 W 已经有这种倾向了，W 妈妈出来后，也反映说 W 不愿意和她像以前那样说话。

社工父亲：嗯嗯，试试吧！

……

社工与家庭成员面谈，开始组织“家庭会议”，人员包括案主、案主母亲、案主父亲、案主姐姐。社工接着引导大家制订了家庭计划，关于每个人的希望和要遵守的规定。沟通顺畅后，家庭沟通模式得以改善，案主家庭内部男女平等权利意识提高。

3. 个案小结

结案和辨识权利收获阶段，社工与案主成员回顾整个个案过程，社工收集了资料，挖掘了案主的需求。案主家庭经济紧张，与父亲关系不良，权益受侵害，家庭整体自助能力不足，社工依据赋权增能理论，分析了案主的这些情况，了解案主急需得到经济上的支持，以预防失学危机。在后续的跟踪中，案主的母亲表示现在案主和自己交流渐渐多了，与丈夫有时还会吵架，但不在孩子面前吵了。案主乐意出去玩，学习成绩有好转。社工介入后，与案主家庭成员进行了成果和过程的回顾，肯定了大家做的努力。但是对于案主的成长过程仍需要跟进，“青年地带”社工联系到了案主所在街道的家政青少年部，对案主的轻微问题进行跟进。

权利收获方面，家庭内部沟通能力提高，在减弱案主父亲存在的男女不平等的意识、增强案主维权意识方面取得了良好效果。社工与案主的母亲一同行动，通过咨询街道律师了解到案主脚受伤的权益保护渠道，获得了权益保护的能力。通过连接司法部门、社区矫正人员对案主的母亲安置帮扶进行登记和资源连接，案主申请了“助学圆梦计划”助学金，从正式渠道和制度上对案主进行参与决策，获得了服刑人员应有的权利享受。社工介入过程中，发现司法部门和社区矫正人员对于服刑人员子女的政策落实还不够具体，同时向司法部门社工人员反馈了这一情况。

（三）社会支持理论介入服刑人员子女案例

1. 案例背景

案例3由司法部门社工转介。案主T的母亲由于抢劫罪服刑，社工接案时尚需服刑5年。现在家里有父亲、奶奶和案主，由于家庭结构性缺失，案主缺少母亲的陪伴和关爱。T说希望父亲多陪伴他，可是日常陪伴只有奶奶。社工通过与奶奶面谈，发现案主有看电视、玩手机及对学习比较松散的情况。案主父亲开出租车挣钱，对案主的关注和关爱比较少。案主除了和奶奶一起，有时还会和同学一起玩。奶奶担心孙子学坏。现在案主的问题主要是缺少陪伴和关注、学习动力不够以及玩手机过度的不良行为，此外，案主还常常借助手机上网查找作业答案。

2. 社会支持理论介入分析

社工通过电话访问、家庭探访初步了解到案主的家庭关系及其基本情况，笔者绘制了家庭生态系统图（见图2—3）。

在图2—3中我们可以看出，案主的母亲在监狱服刑，且与案主关系很疏远。案主大部分时间和奶奶在一起，与奶奶比较亲密。案主与父亲关系一般，因为父亲经常上班，没时间陪伴他。在整个家庭关系中，案主的生活与情感都来自奶奶，与母亲的感情基本缺失。社工向司法部门、社区矫正人员了解到，类似这样的案例，是否有具体的补充措施，工作人员回答说暂时就是以电话访谈和探访活动为主，有时进行特殊的照顾，如节假日探访，如果有特殊需要的提供个案辅导。

平莲莲认为社会支持为环境客体中，可以给主体提供资源，促

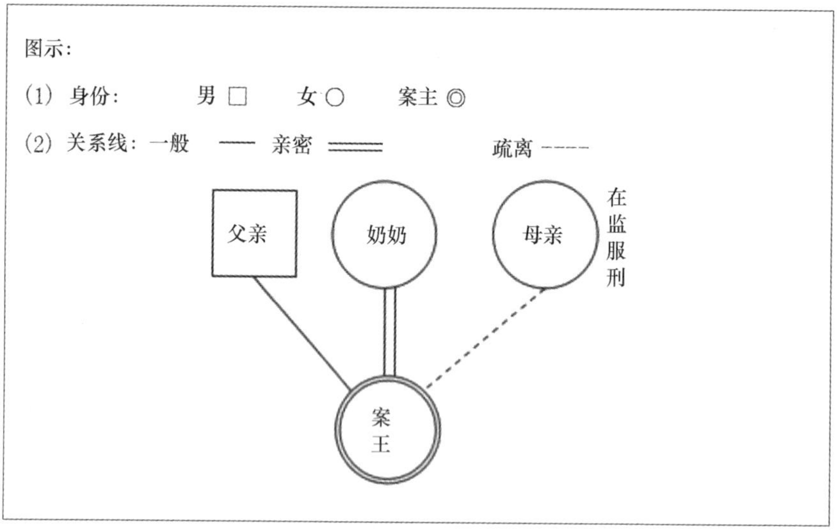

图2—3　案例3家庭生态系统图

进主体成长、发展的所有因素和行为的总和，包括各级社会保障、民政部门、社会团体等行政部门的支持和家庭、亲戚、邻里等微观部门的支持。前者被称为正式的支持，后者叫作非正式支持。①

笔者分析认为，因为案主的母亲在服刑，在家庭支持网络中缺失了母亲的支持，所以母亲的情感支持、经济支持及教育支持也相应缺失，致使案主表现出上述现象。这从一个侧面反映出社工需要从正式和非正式资源进行替代和补充，特别是针对案主在家庭角色中的缺失进行有益的补充，这样才能为案主的健康成长和发展建立起保障。

根据社会支持理论分析，此案例的问题和介入层面如下：

(1) 案主的家庭中母亲角色缺失，需要家庭功能的发挥补充。社工经过与案主的面谈，了解案主目前的需求，鼓励案主参与社工

① 平莲莲：《城市社区空巢老人社会支持研究——以济南市为例》，硕士学位论文，华中师范大学，2012年。

的小组活动，增加外部陪伴支持。

（2）案主缺乏充分的关注和爱，需要得到更多的外部支持，包括正式和非正式的支持。与案主的父亲面谈，鼓励并建议父亲增加对案主的关注与支持，补充母亲的角色功能支持。

（3）案主行为有轻微偏差，需要社工家人共同给予改善。与案主的奶奶面谈，指导奶奶陪伴的同时要监督案主的行为，并与案主的父亲一起为案主的成长而努力。

3. 社工行动过程

（1）奶奶监督案主偏差行为，发挥母亲角色支持。

社工：T说觉得自己无聊才玩游戏的，但你不懂他玩的游戏，是这样的情况吗？

奶奶：是啊，我现在不大会用手机，只会接电话和打电话。他玩的游戏和上网，我都不懂。

社工：T玩手机的时间比较长，你可不可以鼓励他出去多活动一下，减少在家看电视的时间呢？

奶奶：我也想啊，但是说不动，他不听我的。

社工：你可以和他制定一个时间表，规定他完成作业和玩手机的时间。这样你和他一起完成，他就有自我时间管理的意识了。

奶奶：可以试试吧，但是他喜欢玩游戏，我也不会玩。

社工：我和T商量了，鼓励他来我们站点玩，我们有绘画、吉他小组等，这样既可补充他空余的时间，又能学到东西。

奶奶：嗯嗯，那么好啊，下次我带他过去玩。

社工：好的……

社工建议奶奶规定T玩手机看电视的时间。社工与奶奶达成一致意见——来“青年地带”站点玩。这样可给予案主闲暇时间的补充，以防止不良行为的产生，并培育案主新的兴趣爱好。

（2）案主外部陪伴支持，鼓励参与社工开展的小组活动。

社工：你平常回家做什么啊？

案主：我回家写作业，写完就看电视。

社工：你奶奶说你喜欢看电视哦，有时会用手机查作业答案，是不是啊？

案主：是啊，因为有时想不出来，而且回家很无聊，奶奶又不会玩游戏，我就一个人玩手机和看电视了。

社工：上网查答案是不对的哦，如果你没手机，考试怎么办呢？

案主：嗯，但是我不会，奶奶也不会，老师问不到，只能查手机了。

社工：那这样说明你上课没理解到位啊，回来偷懒是学不到东西的，你以后如有不懂的地方，可以问老师、同学，也可以问爸爸。

案主：我知道了，我会改的，爸爸很晚才回，他回到家时我已睡着了。

社工：那下次我跟你爸爸说一说，看他能不能早点回来陪你，好吗？

案主：好啊，他好久没陪我出去玩了，上次说带我出去又骗我。

社工：下次来站点玩好吗？我们这里有绘画小组，还有小伙伴。

案主：嗯嗯。

……

案主过了几天来到“青年地带”站点，社工邀请他进入绘画小组。在小组活动中，案主表现出兴奋的状态，表示既喜欢绘画，又喜欢与朋友一起玩。在见面结束后，案主说想和爸爸一起来玩，可是爸爸很忙。

社工在站点有绘画小组，在接下来的4周时间，每个周六、周日，社工都邀请了案主参加。在绘画小组，案主学习了绘画，认识了很多小伙伴。社工在小组工作期间，密切观察案主的参与度，发现案主对绘画有一定的兴趣，因此社工鼓励案主积极参与其中，填补案主周六和周日的空余时间，加大了对外部社工站点资源的支持，取得了较好的效果。

（3）增加父亲家庭陪伴，补充母亲角色支持。

社工：T说想让你多陪陪他，他在家很无聊。

案主父亲：我知道，但是我一周就休息一天，每次回到家时，我已很累了。平时晚上回来他已睡了。

社工：我明白，但是T现在正是需要你陪伴的时候，T妈妈不在，他很多东西如感情需求是需要你和T奶奶来补充的。

案主父亲：你说得对，我尽量吧！

社工：T现在回家后玩手机、看电视时间比较长，我建议T奶奶用时间管理的方法，减少T看电视玩手机的时间，希望你也能为T的成长，一起努力。

案主父亲：我会的，我以后尽量多陪陪他，他这些行为我以前的确没注意到。

社工：是啊，我也鼓励T去我们站点玩，多培养一些兴趣爱好，多认识小朋友，这样能补充他的空余时间。

案主父亲：谢谢你们，希望他能和其他孩子一样健康成长。

社工：我们一起努力吧！

……

社工建议案主的父亲对案主多点时间陪伴，密切关注案主的学习和生活，补充家庭中母亲功能的缺失。社工告诉案主的父亲，孩子存在行为偏差的状况，社工与案主的父亲达成一致，希望为案主的健康成长共同努力。

面谈中，案主提到奶奶不懂自己玩的东西，而爸爸时间少，没陪伴自己。反映出了家庭关注关爱的缺失，社工鼓励案主来站点玩，给予正式社会支持，补充案主存在的关爱缺失，增强支持。

4. 个案小结

社工运用社会支持理论，对案主的问题和需求进行了分析和评估，对案主存在的关爱缺失和轻微不良行为的原因进行了挖掘，寻找到了问题产生的根源是母亲角色的缺失。社工针对案主的问题需求，对案主的奶奶与父亲给予了指导和建议，并取得较好效果。社工通过挖掘资源，利用社工站点资源，鼓励案主参与，增加了外部支持。

社工介入后，社工在后期与案主及其家庭成员进行了回顾，肯定了大家做的努力。社工了解到案主家庭的问题是结构式缺失——功能发挥不足，由此导致案主得到的关爱不足，引发其轻微的不良行为。社工通过面谈了解了案主奶奶与父亲的想法，指导并建议案主奶奶与父亲增强支持和关注，发挥缺失的角色功能。社工积极与外部资源连接，增强了案主的社会支持，培养了案主的兴趣爱好，丰富了案主闲暇时间。案主的奶奶与他的父亲共同努力，对案主的问题进行解决与改善。案主在不良行为上有较好的改善，培养了绘画的兴趣爱好，既增加了朋辈支持，又增加了外部支持。案主的奶奶与父亲也在家庭关注上有了更多的经验与方法，对案主的成长问题给予更多的关注，增加了家庭成员的角色支持。

二　个案总结

（一）服刑人员子女问题方面

上述三个案例，都体现出服刑人员子女问题的个体化比较高。案例 1 存在服刑人员子女的网瘾问题，案例 2 存在服刑人员子女权益受侵害和家庭经济紧张的问题，案例 3 是服刑人员子女缺少陪伴、行为轻微偏差问题。三个案例折射出的问题差异比较大。案例 1 中，服刑人员家庭基础较好，经济对服刑家庭产生的冲击力相对较小。但是服刑人员回归家庭后，个体心理落差比较大，他们缺乏与儿子沟通的技巧，因此造成亲子关系紧张。案例 2 中服刑人员回归后个人心理变化不大，因家庭基础较薄弱，对家庭经济的冲击比较大，造成案主存在失学危机。笔者从介入研究中发现，造成服刑人员与子女问题个体化高的原因在于服刑人员原来的家庭基础不同，服刑人员服刑的原因不同，服刑人员个体差异的不同，造成刑满释放后对家庭关系的冲击不同。

在案主的问题识别上，案例中有网瘾问题，有失学危机，有轻微偏差行为。这些能不能成为问题，是不是“真正”的问题，值得分析。如案例 1 中：案主和社工谈到回家很无聊，觉得自己的“网瘾”不是问题，父亲对自己的打游戏不理解、责骂等，都反映了家庭沟通存在问题。社工分析后认为这些问题的背后是由家庭和社会因素一步一步造成的，所以应该从根源挖掘，找到需要和资源，进而促使问题的解决。

（二）介入关系建立方面

在与案主和案主家庭成员建立关系中，服刑人员家庭常常被社会污名化、标签化。案例中社工在与服刑人员子女和家庭成员建立关系的过程中，社工没有直接上门探访，而是采用了电话访问的形式，这样减轻了服刑人员家庭的压力感，逐步建立了和睦的关系。在电话访谈中，社工没有直接说“你们是服刑人员家庭，我们是社工，我是来帮助你的”这样的话，而是利用送礼物给社区居民的方式，了解服刑人员家庭的情况，发现他们的需求。这种方式，避免了服刑人员家庭的个别化和标签化。

在社工与案主的关系建立中，社工不能戴着有色眼镜去“挖掘”问题，而是要通过关注服刑人员子女的问题，找到背后的原因。笔者认为，在开始接触服务对象时，应该关注问题本身，即关注服刑人员子女问题产生的各种原因，在这个基础上再进行归因。这样服刑人员的家庭会更容易接受服务，心理上认可度会比较大。

（三）服刑归来前后家庭问题对比方面

在监服刑的家庭和服刑归来的家庭对比，案例 1 和案例 2 是在父母服刑归来后的家庭，案例 3 是母亲在监服刑家庭。案例 1 中的案主问题是网瘾，这个问题在案主的父亲服刑期间就出现了，而后期父亲归来后，这个问题更加凸显，具体体现在家庭关系紧张，沟通出现障碍。案主的父亲服刑出来后，个人的心理落差随之带入家中，加剧了家庭关系的紧张程度。案例 2 中，案主的脚受伤，但是也是出现在案主的母亲服刑期间，而且累积到案主的母亲归来，家庭的其他成员才开始重视，由于服刑会对家庭经济造成影响，使得问题聚焦于家庭层面。案例 3 中，服刑的母亲角色缺失，造成陪伴和教育的功能发挥不足，造成案主出现轻微的行为偏差。此问题相对于案例 1 和案例 2 而言较轻，属于前期的“孕育”阶段。笔者认为，服刑归来后的家庭子女问题是服刑中“孕育”的问题的爆发期。处理好服刑中家庭角色缺失和功能发挥失常的问题，是解除服刑归来问题的关键。

三 “青年地带”项目介入模式总结

（一）介入流程方面

在流程上，三个案例都由司法部门下的社区矫正人员转介而来，它是“青年地带”社工服务的主要来源之一。案例 1 中的网瘾问题，案例 2 中在读学生的权益受损和家庭失权问题，案例 3 中母亲角色缺失和功能发挥不足问题。这些问题转介给“青年地带”社工后，由“青年地带”的社工提供专业服务。社工在介入后，发现案主结案后还有轻微的问题，如案例 2 中案主的轻微问题，还需要后续的跟进介入，在社区中提供正常的社工服务，需要和家庭综合服务中心合作进行转介，笔者认为这是有待提升完善的方面。

（二）资源整合方面

在案例2中，社工根据案主的需求，为案主和案主的家庭连接到了社区矫正的“圆梦计划助学金”资源，让案主在家庭经济上得到了支持，降低了案主的失学危机。这充分体现了“青年地带”中司法、社区矫正社工与“青年地带”合作的优势。在案主的母亲登记安置帮扶中，从司法社工中得知每条街道有一个驻点的律师，通过社工与司法部门的共同合作，案主的正式资源得到了整合，使之共同为案主提供了较好的社会正式资源，解决了案主的问题。案例3中，案主的问题主要是个人行为偏差，家庭结构缺失和角色功能发挥不足，不存在失学、经济紧张、案主帮扶问题，所以社工的工作重点在于为案主提供外部社会支持，社工既鼓励案主参与站点的小组活动，又鼓励案主的家庭成员补充和发挥角色缺失的功能。这样司法、社区矫正社工和“青年地带”分工后，资源得到整合，服务效果也得到提高。

（三）社工介入过程中的角色方面

在三个案例的实务介入过程中，社工扮演着不同的角色：治疗者、协调者、使能者、支持者、咨询者和政策影响者。案例1中社工的角色是治疗者和协调者：对案主的网瘾问题进行深入挖掘—了解案主的需求—与案主进行面谈—个案辅导，这些工作起到了治疗作用。社工对案主紧张的家庭关系进行纠正协调，起到了协调者的作用；案例2中，社工主要是扮演使能者的角色，敦促并鼓励案主的母亲对案主的权益保护进行跟进，这个过程中对服务对象和家庭成员进行赋权，了解司法部门相应的正式资源支持。对案主获取助学金的资源链接，社工扮演了案主资源提供者的角色；案例3中，社工最重要的是扮演着支持者的角色。由于案主闲暇时间较多，母亲角色缺失，而奶奶和爸爸的教育和陪伴较少，社工介入中为案主提供了外部的社工支持，社工鼓励案主参与社工小组活动，在这个介入模式中，“青年地带”社工扮演着咨询者和使能者的角色。在对服刑人员子女和家庭成员的帮扶中，社工发挥了咨询者的角色。如案例2中的助学危机，案例3中的外部支持等，社工都进行了政策层面的咨询。在政策影响者的角色运用上，社工对服刑人员子女的救助政策也进行了反思，对目前救助模式的不足进行了反馈，如对服刑人员子女救助还不够完善，不够具体等。

第四节　结论与建议

一　结论

（一）救助政策有待完善，正式资源支持不足

目前国内尚未出台服刑人员子女救助方面的法规和政策，各地通常采用各地的具体做法。服刑人员子女究竟是否需要救助、救助什么、如何救助尚未达成一致意见。这就产生了正式资源支持不足的问题，由此衍生出服刑人员子女的诸多问题，这在一定程度上抑制了社会的发展。笔者认为，加快救助政策的完善和推进正式资源服务于服刑人员的政策制定，需要尽快步入正轨。

（二）家庭结构缺失，功能发挥失常

在服刑人员子女家庭中，由于家庭结构缺失，导致家庭功能无法正常发挥。服刑人员由于自身的失范行为，虽经服刑教育，但其身心健康受到了较大的冲击。服刑人员刑满释放后，或多或少地会把问题带给家庭成员，服刑人员不能起到应有的教育、情感及支持作用。这样，服刑人员家庭子女与父母在沟通关系恶化时会影响家庭功能的正常发挥，很可能会加大成员间的距离感，导致家庭内部夫妻矛盾、子女厌学、不良行为出现等现象的发生。

（三）家庭系统失衡，成员间不良沟通方式增加

良好的沟通方式是家庭重要的情感构建机制，如果没有外力的介入和帮助，很容易导致服刑人员家庭的其他问题出现。案例 1 中，案主与沉迷于网瘾中的儿子沟通困难，案主与妻子的关系亦紧张。由于彼此共同生活在一起的时间相隔较长，各自形成的观念不一致，从而加剧了相互之间关系的恶化。研究认为，只有家庭成员间的沟通顺畅了，家庭内部的关系才能达到平衡。

（四）污名化下权益保护意识削弱，自助能力下降

在本章的案例中，社工发现服刑人员子女常常被污名化，他们对于自我权益和家庭成员权益的意识保护不足，造成自助能力下降。例如，案例 2 中，女儿受伤的权益保护没有深究到底，对自己经济困境的原因没有从自身查找原因，对自助意识能力较普通人弱。

研究认为，在服刑人员的家庭中，服刑人员由于服刑、自我暗示的心理影响，权益保护意识削弱，感觉自我是有“过错”的人，这种自我暗示，不仅影响了自我身心健康的发展，亦使整个家庭权益保护能力受损。

二　建议

（一）个人家庭层面

1. 关注服刑人员子女潜在的问题

服刑人员子女的问题往往体现在表象上，如案例中的网瘾问题。但是仅仅看到表象问题远远不够，背后关系到服刑给家庭带来的负面影响尤其是对服刑人员子女产生的深层次问题。不仅如此，服刑人员子女的问题既存在个体差异，又存在共性化的特点。社工需要密切关注服刑人员子女潜在的问题，揭开案主家庭内部的矛盾或分歧，对服刑人员家庭进行较好的帮扶。

2. 社会工作介入关注家庭层面，注重建立良好的家庭沟通方式

在服刑人员服刑过程中，未成年子女与其父母之间交流的缺失，会对他们的身心健康及发展造成一定程度的影响。在问题出现后，社工应把工作和帮扶的重点置于家庭系统的调整中，重塑服刑人员的家庭关系。研究认为，良好的沟通方式，需要服刑人员和家庭其他成员共同构建。服刑人员及其子女共同建立良好的沟通方式，可以减少甚至避免家庭内部的误解和失衡，发挥家庭成员各自的作用。

（二）社会层面

1. 完善服刑人员子女救助政策法规

完善服刑人员子女救助政策法规是救助的基础。笔者呼吁在社会层面上增强对服刑人员子女的保护和关注，提高服刑人员自身对救助政策法规的认识。此外，立法机关制定的法律法规应该具有可操作性，如司法矫正安置帮扶的登记，服刑人员救助的宣传，在后期家庭探访中个案的跟进和与司法社工以及“青年地带”的合作模式的建立。

2. 链接资源补充替代缺失功能

在目前社会工作介入服刑人员子女中，资源链接发挥着巨大作用。由于服刑人员子女处于家庭结构缺失或者发挥失常的情况，很多资源需要通过正式渠道获得。案例1中的“网瘾”是表象，真正的问题是案主缺乏与父母的有效沟通，社工介入后，修复了家庭内部的平衡。案例2中案主的母亲因服刑既造成经济上缺失，又造成案主出现了失学危机。社工介入后，联系司法矫正部门进行经济上的扶助，由此获得了正式支持。案例3中，社工鼓励案主要积极参加绘画小组，培养良好的兴趣爱好以代替过度玩手机的不良习惯，构建起良好的家庭系统环境，获得了非正式支持。

（三）文化层面

1. 削弱服刑人员家庭污名标签化

服刑人员家庭由于服刑人员个体原因被污名化，产生了家庭整

体自我暗示，权益保护意识和自助能力相应减弱。社工需要改变家庭成员的自我认知，并使家庭成员认识到“一个人的错不是全家人的错”“错只是过去，不能代表将来”。在文化层面上，笔者呼吁社会需要削弱对服刑人员家庭的污名化，依法对服刑人员家庭子女进行救助，正确看待服刑人员家庭和子女。

2. 提高居民法律意识，倡导包容的社会文化

服刑人员子女在历史上一直被曲解。人们习惯用有色眼镜看待他们，这是与历史文化和传统习惯相关的。笔者呼吁，大力弘扬中国特色社会主义文化，增强居民的社会责任感、社会认同感，真正形成一个区域社会共同体意识，倡导包容的社会文化，才能构建良好的社会氛围，帮助服刑人员和服刑人员子女解决问题。

本章小结

近年来，服刑人员子女群体受到越来越多人的关注，人们发现此群体存在的一些问题，如失学危机、行为偏差、心理障碍。随着服刑人员人数的增长，他们子女的问题亟待解决。而目前国内对服刑人员子女的救助还远远不够，大部分救助尚停留在政策层面，还没有具体的操作指导方案。广州“青年地带”项目关注服刑人员子女目前的状况和救助方法，实行与司法部门、社区矫正机构相结合，充分发挥正式资源与社会工作专业方法结合模式的优势，对服刑人员子女进行救助。在此背景下，本章运用家庭系统理论、增能理论和社会支持理论，对三个真实案例进行实务探索和分析，发现服刑人员子女家庭结构缺失、家庭成员功能发挥失常、服刑人员家庭的自助能力下降和权益保护意识不足。研究认为，这是导致服刑人员子女各种问题的根源。笔者提出了从链接正式资源、补充社会支持、替代发挥家庭成员角色功能、增强家庭自助能力和权益保护意识方面入手，对服刑人员子女进行救助的建议。

附　录

表 1　　　　　　　　　　　**咨询记录表**

咨询日期		咨询者姓名		个案编号	
个案来源	社工发现□　　本人求助□　　他人求助□ 他人介绍□　　机构转介□　　其　他□				
求助方法	来　信□　　来　电□　　面　访□ 网上求助□　　其　他□				
咨询问题 （可选多项）	亲子关系问题□　　就学问题□　　职业问题□ 经济问题□　　个人精神/情绪问题□　　未婚怀孕□ 个人行为问题□（吸毒 / 赌博 / 网瘾 / 流浪 / 其他________） 涉嫌犯罪□（贩毒 / 盗窃 / 抢夺 / 故意伤害 / 其他________） 权益受侵害□（性侵 / 家暴 / 其他________） 其他问题（________________）□				
服务对象基本信息					
未能填写该栏信息原因	服务对象拒绝透露 □　服务对象未能提供 □ 其他□________________（请注明）				
姓　名		性　别		年　龄	
籍　贯		户籍所在地		宗　教	
民　族		政治面貌		职业	
文化程度		所在社区		联系方式	
家庭成员	关系	性别	年龄	职业	
家庭住址					
居所类别	租住房屋□　自置物业□　宿舍□　其他□（请注明）______				

<table>
<tr><td>社会救助</td><td colspan="3">医疗救助□　教育救助□　住房救助□　临时救助□
最低生活保障救助□　其他□________（请注明）</td></tr>
<tr><td colspan="4">记录及服务跟进</td></tr>
<tr><td>咨询过程</td><td colspan="3"></td></tr>
<tr><td>已处理事项</td><td colspan="3"></td></tr>
<tr><td>分析／建议/跟进方向</td><td colspan="3"></td></tr>
<tr><td>咨询结果</td><td colspan="3">问题解决结案 □（编号：　　　　　　）　转为辅导个案 □（编号：　　）　　转介□（编号：　　　）</td></tr>
<tr><td>社工签名</td><td></td><td>日期</td><td></td></tr>
<tr><td>主任意见</td><td colspan="3"></td></tr>
<tr><td>督导意见</td><td colspan="3"></td></tr>
</table>

表 2　　**个案接案表**

接案日期		案主姓名		个案编号	
个案来源	社工发现□　本人求助□　他人求助□ 其他组织转介□　其他□				
紧急联系人		联系电话			

家庭结构图（或生态系统图）

图示：

（1）身份：　男□　女○　案主◎　死亡 ×

（2）关系线：　一般——　亲密══　纠缠☰　冲突/\/\/

离婚—//—　疏离……

案主问题陈述	
社工评估 （危机因素请注明）	
督导意见	督导签名：　　日期：

社工：＿＿＿＿＿＿＿＿　中心主任：＿＿＿＿＿＿＿＿

日期：＿＿＿＿＿＿＿＿　日期：＿＿＿＿＿＿＿＿

表3　　　　　　　　　　**个案转介表**

一、当事人资料：

接案日期		案主姓名		个案编号	
性别	□男　□女	年龄		出生年月	年　月
联系地址				联系电话	

二、转介人资料（如适用）

<table>
<tr><td>机构名称</td><td colspan="3"></td><td>与当事人关系</td><td></td></tr>
<tr><td>转介人姓名</td><td colspan="2"></td><td>职务</td><td colspan="2"></td></tr>
<tr><td>联系电话</td><td></td><td>地址</td><td colspan="3"></td></tr>
<tr><td>转介原因</td><td colspan="5"></td></tr>
</table>

三、接收人资料（如适用）

<table>
<tr><td>机构名称</td><td colspan="2"></td><td>接收人姓名</td><td></td></tr>
<tr><td>职务</td><td></td><td>联系电话</td><td colspan="2"></td></tr>
<tr><td>地址</td><td colspan="4"></td></tr>
</table>

四、服务对象基本情况：

现时问题（包括性质、历史背景及程度）：________________

____

____

社工对个案的评估：________________________

____

已提供的服务：________________________

____

社工建议：________________________________

____

____

五、转介人移交的相关资料：

咨询个案记录表□　　个案接案表□　　个案服务计划表□

个案结案报告□

其他资料：____

●转介方：本人确认以上信息真实准确，并已获得服务对象同意，办理转介手续

签名：____________________　日期：____________________

●接收方：确认已经收到转介表格，将会在10天内安排相关人员进行交接

签名：____________________　日期：____________________

表4　□个案面谈 □个案活动记录表

案主姓名			个案编号	
年　龄		性别		备　注
日期	第_____次个案面谈/活动			
面谈/活动方式	□ 电话 □ 到访中心 □ 上门探访（地点）__________ □ 参加小组（编号和名称）__________ □ 参加活动（编号和名称）__________ □ 外展（地点）__________ □ 其他方式（地点）__________			
本次个案面谈/活动目标				
个案面谈/活动概况	内容		分析	

续表

评估进展	
跟进计划	
社工反思	
督导意见	督导签名： 日　　期：

填表社工：________________　日期：________________

个案转介协议

现有服务使用者________在机构________工作人员________安排下，在知晓服务原服务机构的职能范围及服务使用者自身需求的情况下，自愿转由________机构提供相关服务。

（此部分由服务使用者或监护人填写）

服务使用者姓名：________性别：________　年龄：________

证件号码：________________

联络电话：________________　地址：________________

＊本人已知悉有关服务权利与义务，并同意贵机构使用本人资料申请有关服务或转介之用。

服务使用者签署：__________　日期：__________

第三章

社会工作介入城市流动摊贩的执法工作模式研究

第一节　导论

自城市管理执法部门诞生以来，执法者与执法对象的矛盾冲突就从未停止过，城管人员与流动摊贩之间的暴力冲突事件频频登上新闻头条，成为人们关注、讨论的热点。在大力提倡服务型政府的背景下，简单、粗暴的执法模式显然已不适合，而目前有关流动摊贩治理问题的研究与举措大多是从政策、制度层面，很少从社会工作层面入手。因此对于如何解决执法者与流动摊贩之间的矛盾冲突，如何发挥社会工作的服务优势，将社会工作的柔性服务融入城市管理刚性执法，这是本章所要探讨的主要内容。

一　问题的提出

（一）研究背景

城市管理，涵盖了有关城市经济、生活、教育、安全等方方面面的内容，肩负着治理和维护城市秩序的职责。对于维护城市稳定、促进城市文明发展和政府对城市的管理起着至关重要的作用。然而由于执法者与执法对象彼此立场、理念的不同，加上文化素质、执法手段等多方面因素的影响，城市管理执法者在流动摊贩治理过程中与摊贩群体常常发生矛盾和冲突，暴力执法、暴力抗法事件时有发生，这成为阻碍城市和谐发展的因素之一。

2014 年 4 月，温州市苍南县 5 名城管执法人员在开展占道经营整治工作中，与贩卖农产品的流动女摊贩发生争执，其冲突过程被路人黄某用手机拍下，城管人员要求黄某停止手机拍照未果后，与拍照者发生肢体冲突，将黄某殴打吐血。之后 5 名打人城管被周围群众围攻，均不同程度受伤，其中 2 人病危。该事件进一步演变升级为大规模群体冲突事件，继而迅速成为全国新闻热点。这 5 名城管人员是临时编外人员，现场挑起争端的涉案群众主要是县城及周边的社会闲散人员。事件以对现场挑头参与滋事的 19 名社会人员以及参与殴打他人的 3 名城管工作人员被行政处罚而告终。[①] 此次事件可以说各方都有损失，但舆论大多倾向于受害群众一边。一时间城管暴力执法和野蛮行政的声讨又被推上了风口浪尖。而类似的暴力事件还时有发生，城管执法似乎深陷暴力怪圈。

（二）研究问题

流动摊贩治理作为城市管理的重点难点问题，尽管政府层面出台了一系列政策、法规，然而在实际治理上并没有达到预期的效果。笔者通过对 Y 县城市流动摊贩治理现状的调查与分析，发现现有执法模式在流动摊贩治理上仍存在着诸多问题，治理效果反反复复，暴力冲突时有发生。究其原因，笔者认为还是执法主体的执法理念错误和执法手段不合理。在当前大力提倡构建服务型政府的大背景下，城市管理在流动摊贩治理执法模式上应该朝着人性化的执法方

---

① 《温州苍南城管执法遭千人围殴案宣判　22 人被判刑》人民网，http：//legal.people.com.cn/n/2015/0321/c42510－26727305.html，2015 年 3 月 21 日。

向发展。本书通过对比人性化执法与社会工作的概念与内涵，发现二者有很多共通之处，从而提出将社会工作服务机制介入城市流动摊贩治理模式中，研究将社会工作柔性服务机制与城市管理人性化执法模式相结合，从理论和实践两方面探索社会工作介入城市管理流动摊贩的可能性，同时对介入的成效进行评估，这对于深入推进社会工作在城市管理执法中的效果具有独特的价值。

（三）研究意义

1. 科学意义

建设服务型政府既是当前行政体制改革的目标和方向，又是我国政府职能转变的必然选择。服务型政府以“民本位”为指导思想，即人民是国家的主人，政府的权力来自人民的让渡，政府必须全心全意为人民服务。城市管理执法部门作为政府的重要职能部门，转变执法方式和树立服务型的治理理念刻不容缓。服务型政府以社会公共利益为目标，以社会为本位，以“管理就是服务”为理念。它充分体现人文关怀，在社会公众的参与和监督下，有效解决社会公共问题，其本质是实现政府以人为本、执法为民。①

本章引入社会工作专业知识，推动社会工作本土化发展，在城市管理流动摊贩的治理中，借助社会工作柔性服务理念，转变行政执法人员固有的执法理念，力求促进城市管理人性化执法方式的转变，以人文精神贯穿于行政执法过程的始终，实现执法和服务的有机结合。

2. 实践意义

有利于减缓城市管理与流动摊贩间的矛盾与冲突。城市管理涵盖了城市经济、生活、教育、安全等内容，肩负着治理和维护城市秩序的职责，而流动摊贩治理作为城市管理的重点和难点，其工作

---

① 北京行政学院公共管理教研部：《北京市领导科学学会·服务型政府》，中央编译出版社 2005 年版，第 4—5 页。

开展的好坏对于是否能更好地维护城市稳定，改善人民生活水平和促进城市文明发展等各方面都起到至关重要的作用。

目前我国社会工作的服务对象以残疾人、孤寡老人、留守儿童、失业人员等弱势群体为主，服务内容涵盖了社会救助、就业服务、婚姻家庭服务、残疾人服务、青少年服务等方面。社会工作者在如何利用“以人为本”“助人自助”的专业服务技巧，努力帮扶弱势群体走出困境更好地适应社会方面，有着很多宝贵的经验。因此，对同属于弱势群体的流动摊贩，在治理工作中融入社会工作服务型工作理念，借助社会工作柔性服务理念与工作方法，在刚性执法的基础上以彼此尊重为前提，更加注重与执法对象的沟通与交流，刚柔并济地开展治理工作，实行执法和服务的有机结合，同时利用社会工作的社会资源优势，通过整合社会资源，为他们获取就业技能培训、子女教育培养、就医看病、心理疏导等生理、心理、社会多方面的合理需求提供有效帮助，具有重大现实意义。

二　国内外研究现状分析

（一）国内研究现状

在中国知网上输入“城市管理”关键词搜索，截至 2018 年 9 月 5 日，共有相关文献 24812 种，其中相关期刊 8873 篇，论文 1761 篇，报纸 13629 篇；输入“流动摊贩”关键词搜索，共搜索到相关文献 1325 种，其中相关期刊 360 篇，论文 167 篇，报纸新闻报道 781 篇；输入“城市管理”“流动摊贩”等关键词搜索，共有相关文献 308 种，其中相关期刊 93 篇，论文 144 篇，报纸 62 篇。从关键词搜索结果可以看出，国内学者、新闻媒体对城市管理的相关研究关注度较高，城市管理、流动摊贩一直是社会关注的热点。

城市管理自诞生以来，在城市化建设、城市的发展与繁荣方面做出了巨大的贡献。与此同时，随着城镇化进程的快速推进，暴露出来的社会问题也日益增多。在流动摊贩与老百姓生活利益息息相关的执法内容上，执法者与执法对象的矛盾尤为突出。笔者通过梳理国内有关城市管理与流动摊贩的文献发现，有关这方面的研究主要集中在以下几方面：

1. 对流动摊贩的认识研究

有学者从经济学角度认为流动摊贩的扎堆集聚问题，究其本质是一种经济规律现象（樊钢，1994）①；还有学者认为地摊经济属于传统的非常简易的经济形态，具有存在的道理，社会及市场仍然对它有一定的客观需要（吴素芬，2008）②；另有学者从社会学的角度出发，认为地摊经济属于某一关键的文化行为，能够体现出一个地区的文化现状，也属于和谐社会不可或缺的内容。摊点摆设的各类物品，往往体现出当地的风俗习惯。不管是在闹市区、生活区还是风景区，人们常常放缓脚步，从中体验城市的深厚文化底蕴（朱孟进、淦玲莉，2007）。③

2. 对城市管理与流动摊贩治理问题的原因分析

有学者认为导致矛盾冲突不断升级的症结在于城市管理执法人员在对待流动摊贩时采用了不恰当的执法方式。对此，一些学者认为政府应优先考虑社会弱势群体的生存权，从他们的利益出发建立服务型政府，努力维护摊贩的权益，这样才能从根本上解决问题（陈文超，2008）④；也有学者认为“城管与摊贩的矛盾根源在于迅速而粗放的城市化及城市扩张”（严永，2008）⑤。

3. 治理问题相关对策研究

有学者试图根据产权经济学的原理来分析这一顽症，指出其根

---

① 樊钢：《“小贩扎堆”背后》，《经济导刊》1994 年第 1 期。

② 吴素芬：《关于摊贩管理新途径的探索》，《城市管理与科技》2008 年第 1 期。

③ 朱孟进、淦玲莉：《经济时评：穷人经济学视角下的城市地摊经济》，《宁波通讯》2007 年第 5 期。

④ 陈文超：《活路：社会弱势群体成员的生存逻辑——以与城管博弈的小商贩为例》，《云南民族大学学报》（哲学社会科学版）2008 年第 2 期。

⑤ 严永：《转换管理理念 创建和谐城管》，《湖南行政学院学报》2008 年第 5 期。

源是产权错置，并提出相应的重新配置产权的治理措施（刘新宇，2006）[①]；也有学者从公众参与方面提出建议，主张政府不能仅靠城管部门对摊贩进行治理，而应鼓励其他民间组织积极参与，建立市民参与管理监督的桥梁，保障摊贩治理中相关城市居民的知情权、参与权（郭宁，2010）[②]；有的学者提出政府要重视第三方力量在摊贩治理中的作用，比如借助一些非政府组织对流动摊贩进行辅助管理；也有学者提出了流动摊贩的分类治理模式，指出要从根本上解决流动摊贩的治理问题，就必须改变当前政府为治理主体这一模式，引进社会组织及市场制度，多措并举、互助协作最终达到较好的治理效果（林荣燕，2008）[③]；还有学者提出要建立以政府为主，流动摊贩行业协会、城管、社区、居民及流动摊贩为辅的“六位一体”的多中心治理模式（王孝妹、杨芳，2014）[④]。

综上所述，国内学者对流动摊贩的概念界定、摊贩治理问题产生的原因以及如何进行治理方面已经形成了较为丰富的理论成果，且学者们普遍认为流动摊贩的存在有其合理性与必然性，执法者与执法对象冲突不断的根源在于现有的政府管理模式已不适用于快速发展的城市化进程的需要，以政府为主体的单一城市管理执法方式亟须改变。

（二）国外研究现状

由于国情、经济发展水平不同，国外的城市管理模式与我国有很大不同，例如，国外没有城市管理这一机构。在美国，对流动摊

---

① 刘新宇：《摊贩问题的产权经济学分析》，《兰州学刊》2006 年第 11 期。

② 郭宁：《我国城市流动摊贩治理模式研究》，硕士学位论文，暨南大学，2010 年。

③ 林荣燕：《我国城市流动摊贩管理现状及对策分析》，硕士学位论文，暨南大学，2008 年。

④ 王孝妹、杨芳：《流动商贩多中心治理模式探析》，《城管天地》2014 年第 2 期。

贩的管理主要由警察负责；日本市容环卫管理的福社保健局主要负责流动摊贩和城市卫生管理；德国的秩序局行使城市管理中的规划、卫生、环保等部门的行政处罚权；法国的城市管理主要由宪警和警察负责。因此，国外有关城市管理的研究相对较少，在对流动摊贩的研究上更多的是针对其概念的认定及管理措施方面。阿南德，2004（Anand）教授认为，流动摆摊对于低收入阶层来说是重要的就职场所，就如同命根子一样重要，而摊贩经济对于国家经济的发展来说可以发挥非常重要的作用。经济学家约翰·弗里德曼（John Friedman）提出城市应当能够包容各个阶层利益，治理目标是实现城市美丽和谐，市民安居乐业。因此，城市发展应本着包容和谐的理念，充分尊重底层弱势群体的基本生存权，给流动摊贩谋生留有一定的生存空间。[①]

在流动摊贩的管理举措上，英、美、法等发达国家大多是采取摊贩登记办理经营执照的方式，限定摆摊的时间和区域对其管理；日本通过制定《食品卫生法》《轻犯罪法》《道路交通法》等一系列法律法规来对流动摊贩行为进行管理；印度政府在制定的《关于城市街头摊贩的国家政策》中明确规定，“对街头摊贩以可承受的价格、在方便的地方为百姓提供必要商品的积极作用予以认可”，并通过划分不同的摊贩经营区域对街头摊贩进行规范化管理。

笔者发现无论发达国家还是发展中国家，他们对流动摊贩的态度大都以尊重和同情为主，认为流动摊贩是城市发展的重要组成部分。从本国国情和地区实际情况出发，来研究制定流动摊贩的治理措施，在政策法规的制定中以保障弱势群体的权益为前提，以人性化管理为主导，满足社会各阶层的利益需求，从而有效解决流动摊贩治理这一难题。国外在流动摊贩治理上的种种经验，对我国的城市管理流动摊贩治理有很大的启示作用。

---

① 《我从来都不赞成城市之间的竞争——对话约翰·弗里德曼教授》，胡以志采访，武军译，《国际城市规划》2011 年第 26 期。

（三）国内外研究现状小结

基于对上述国内外流动摊贩相关研究成果的回顾，可以看出国内外学者越来越关注流动摊贩的相关问题。国内外学者在研究流动摊贩治理问题上，结合自身的专业优势多方面、多角度地开展相关研究。其中，对流动摊贩问题成因的探讨较多，对解决对策的探讨相对较少；对改进城市管理执法体制的研究讨论较多，对流动摊贩这一弱势群体各方需求的关注较少；从政治、经济层面的解决措施较多，从社会学角度切入的较少；国内的研究现状中虽有学者提出在流动摊贩治理中引入第三方力量加以辅助管理，但从社会工作方向探索的较少。而社会工作以服务为宗旨，以弱势群体为主要服务对象的助人活动，在工作方法、理念、资源等方面与流动摊贩治理有着很多共性。因此，笔者认为在流动摊贩治理问题上引入社会工作服务机制是一个全新的探索与尝试。

三　研究方法

（一）文献研究法

对国内外相关的文献资料进行搜集和分析，主要包括城市管理、行政执法、流动摊贩、社会工作等相关内容，通过对期刊、论文、政策文件等多种形式的文献资料的研究，了解城市管理、行政执法、流动摊贩的历史沿革及发展现状，并对这些材料进行整理归纳与分析，获得城市管理、流动摊贩治理等较为全面的研究材料。

（二）访谈法

本章通过对 Y 县流动摊贩、群众等不同对象的访谈进一步了解不同立场、不同利益方对行政执法以及流动摊贩治理的认识与看法，了解城管在对流动摊贩治理过程中存在的问题和冲突原因。

（三）个案工作方法

借用社会工作的个案工作模式，在社会工作服务理念实际介入中通过对服务对象也就是流动摊贩开展专业服务，运用社会工作尊重、个别化、同理等价值理念，从服务对象的角度思考、体会，以期获得双向的情感认同，助推城市管理执法工作的开展。

（四）问卷调查法

通过向 Y 县中心城区部分流动摊贩、群众发放问卷调查的方式来进一步了解当地流动摊贩的基本情况以及城市管理在治理过程中存在的问题。

四　城市管理相关概念

（一）城市管理

随着城市的不断诞生和发展，城市管理也应运而生。城市管理的概念，有广义和狭义之分。从广义的角度来说，城市管理是指通过政治、经济、社会等不同层面，运用行政、法律、技术、经济等多种方式对城市运行和发展进行的决策引导、规范协调、服务经营等行为。简言之，就是对城市的一切活动进行管理。狭义的城市管理就是市政管理，包括城市基础设施的运营、城市市容环境的维护和保持等，管理的内容主要是有关城市的基础层面。本章所研究的城市管理便是狭义的城市管理。

（二）城市管理行政执法

城市管理行政执法，人们习惯称为“城管执法”，是指为了解决城市发展过程中出现的各类问题，政府将相对集中行政处罚权赋予城市管理主管部门，并允许其在城市管理所属执法范围内行使行政处罚权，以便规范有序地管理城市。

（三）流动摊贩

流动摊贩，或简称为“摊贩”“小贩”，对于这一群体的称谓学界尚没有统一的概念界定。《现代汉语词典》对小摊贩的解释为：带着商品各处销售，从事小商品贩卖职业。从其字面意思理解，流动摊贩即是一个名词，指代这一经营主体属于商人范畴；同时又是一个动词，表示经营的方式是流动型的。而与流动摊贩相对应群体就是个体工商户，是指经工商行政管理部门登记，有固定经营场所的，从事工商业经营的公民。因此本章将流动摊贩定义为，未办理工商营业执照，以货车、三轮车、板车、担架等交通运输工具占用公共空间，以非固定的形式，从事餐饮小吃、服装首饰、果蔬农贸、生活日用品等各类商品的经营活动的公民。

（四）服务型政府

计划经济时代背景下建立的是管制型政府。管制型政府主要以管理为主，整个社会的运行主要由政府推动，政府与公民的关系主要是一种命令—服从式的单向关系，较少考虑社会公众的愿望和多样化需求。随着市场经济的孕育和发展，民众越来越期待服务型政府的诞生，即以民主为前提，通过法定程序，按照公民意志建立起来的以民为本的政府。[①]

五　社会工作相关理论阐述

（一）人本主义理论

人本主义致力于从人的尊严和价值出发建构制度和政策，具有以下特征：（1）每个人都被视为具有内在尊严和价值的个体；（2）

---

① 刘熙瑞：《服务型政府——经济全球化背景下中国政府改革的目标选择》，《中国行政管理》2002 年第 7 期。

人与人之间的关系是非剥削性的、合法性的和平等的；（3）人类通过劳动创造的资源应该按照符合他们的需要进行分配；（4）每个人都有权利激发自己的潜能。[①]

（二）“人在情境中”理论

“人在情境中”理论认为人与环境是一个互动的关系，人是在特定的环境中生活成长的，人所遭遇的问题也是在人与环境的互动中产生的，所以需要结合人与环境的互动，即考察“人在情境中的状态”才有可能真正理解人的行为。[②]

（三）马斯洛需求层次理论

马斯洛需求层次理论把需求分成生理需求（physiological needs）、安全需求（safety needs）、爱和归属感（love and belonging）、尊重（esteem）与自我实现（self - actualization）五个层次，依次从较低层次到较高层次排列。[③]

第二节　Y县城市管理行政执法机构及流动摊贩基本情况

一　Y县城市管理行政执法机构的历史变革

Y县位于浙江省东南沿海地区，地处浙南丘陵地区沿海小平原，为温州市所辖。Y县民营经济发达，是中国市场经济发育最早、经济发展最具活力的地区之一，2017年末户籍总数为37.62万户，户籍总人口为130.32万人，其中城镇人口为53.05万人，登记的新居

---

① 何雪松：《社会工作理论》，上海人民出版社2007年版，第22页。

② 张雄：《个案社会工作》，华东理工大学出版社2006年版，第45页。

③ 刘烨：《马斯洛的人本哲学》，内蒙古文化出版社2008年版，第7页。

民人口达55.39万人。[①]

Y县的城市管理行政执法历经多年的改革与完善。2002年之前，Y县城市管理主管单位为县建设局城管，下设城建监察大队，并在各乡镇设立城建监察中队。2002年初，中央编办出台《关于清理整顿行政执法队伍实行综合行政执法试点工作的意见》，第一次明确提出“综合行政执法”的概念，要求做好综合行政执法试点与相对集中行政处罚权工作的衔接，至此，相对集中处罚权的执法模式在全国得以推广。同年1月，温州市政府积极响应党的号召，决定在本市开展相对集中的行政处罚试点工作，成立了城市管理行政执法局。当月，Y县成立了城市管理联合执法大队（属临时设立机构）。

2009年7月，Y县成立了城市管理行政执法大队，将城市管理联合执法大队、城建管理监察大队予以合并，其主要职能是负责城市和城镇市政工程设施、市容环境卫生、园林绿化等方面的行政执法监察，下设两个直属中队、各乡镇城市管理执法中队，其主管部门仍是县市政园林局。

根据中央精神，Y县于2016年10月20日正式成立了城市管理综合行政执法局作为县政府工作部门，负责全县综合行政执法和城市管理工作，集中行使第一批综合行政执法事项，包括市容环境卫生、城市绿化、工商行政管理（室外公共场所无照经营）、公安交通（人行道违法停车）等13个方面435项法律、法规、规章制定的全部或部分行政处罚及相关行政监督检查、行政强制职权。2018年1月，根据县政府调整部门事项，将有关土地和矿产资源方面的法律、法规、规章规定的部分行政处罚权及相关行政监督检查、行政强制权划归县国土资源局。

二　Y县流动摊贩情况调查

为更好地了解Y县流动摊贩经营状况与管理现状，本章通过实

---

① 《2017年乐清市国民经济和社会发展统计公报》，乐清市人民政府，2018年。

地调研、访谈、发放问卷调查的方式对流动摊贩群体、市民进行调查。对流动摊贩及市民的调查，主要选取流动摊贩较为集中的主城区，以发放调查问卷为主、访谈为辅的形式展开调查，对流动摊贩的问卷调查内容详见本章附录表一《流动摊贩基本情况问卷调查》，对市民的问卷调查内容详见附录表二《市民对流动摊贩现状及管理情况问卷调查》；在上述调查的基础上，结合Y县主城区流动摊贩相对集中的商业区、生活住宅区、车站等区域，对流动摊贩及其经营活动的基本情况进行了解与统计。

（一）流动摊贩的基本情况

此次调查向流动摊贩群体共发放调查问卷100份，收回81份，其中有效问卷73份，对流动摊贩群体调查问卷的统计，这里以图的形式来呈现，对其统计结果进行说明与分析。

1. 流动摊贩的户籍地

图3—1显示：从回收的调查问卷统计得出，在73份有效的问卷中，户籍地为省外的有45名，户籍地在县外省内的有16名，户籍地在本县市的有12名，分别占调查对象的62%，22%，16%，外省流动摊贩的比例远远高于当地，这一点，与Y县大量的外来流动人口，发达的民营经济密不可分。

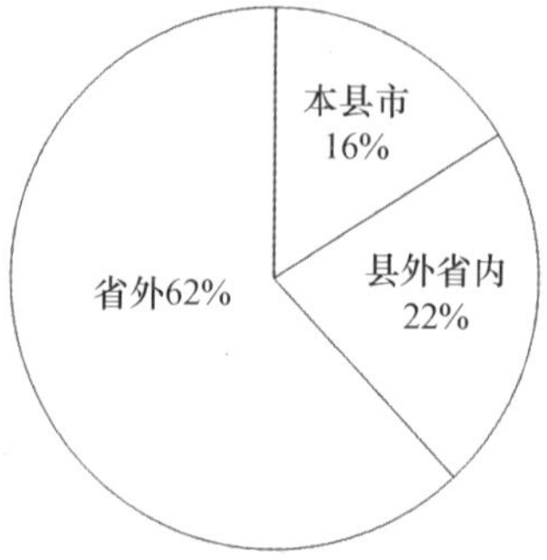

图3—1 流动摊贩的户籍地

2. 流动摊贩年龄构成

图3—2 显示：年龄在 18—30 岁之间的有 9 人，占调查对象的 12%；年龄在 31—45 岁的有 35 人，占调查对象的 48%；年龄在 46—60 岁的有 18 人，占调查对象的 25%；年龄在 60 岁以上的有 11 人，占调查对象的 15%。在年龄构成上，以中青年人员为主，其中 45 岁以下人员占比 60%，是这一群体的主力。

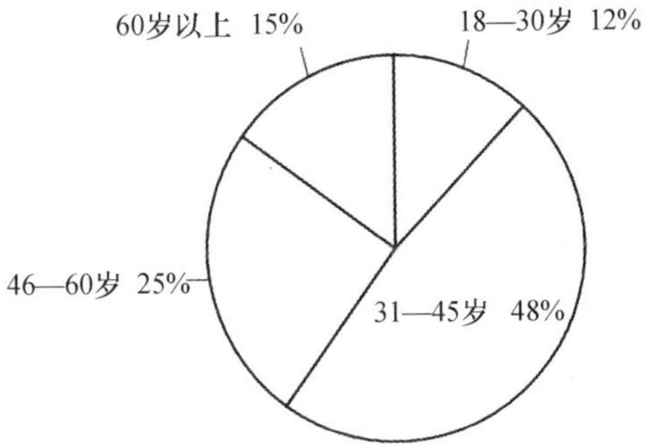

图 3—2　流动摊贩的年龄构成

（二）流动摊贩学历构成

从图 3—3 中可以看出，流动摊贩的受教育程度并不高，为便于更直观地了解，笔者将初中及初中以下学历合并统计，共计 51 人，占总人数的 70%；学历在高中水平的有 17 人，占比 23%；大专及以上学历的为 5 人，占 7%。此外结合他们的年龄构成，发现学历在初中及以下的人员年龄构成集中在 45 周岁及以上，学历在高中及以上水平的人员主要集中在 35 周岁以下。通过对摊贩们的访谈了解到，年龄偏大的摊贩选择流动经营这一工作方式，给出的理由多是没有一技之长，找不到合适的工作；而中青年群体多是怀着自主创业的想法却苦于没有好的资源与足够的经济支持。

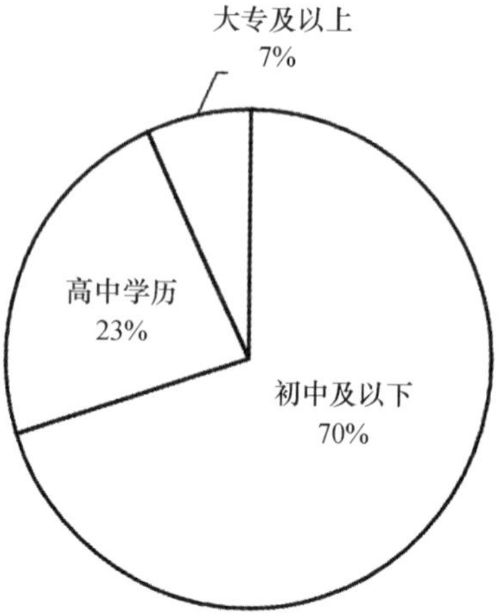

图 3—3　流动摊贩的学历构成

（三）流动摊贩的经营种类及收入状况

图 3—4 显示：通过对流动摊贩的经营种类统计，在 Y 县中心城区的流动摊贩主要经营果蔬、餐饮类，其中水果、蔬菜、肉类占了总数的 37%，餐食类占了 43%，服装、日用品类占了 18%，其他类别的为 2%。在收入构成上，由于流动摊贩的特殊性，其每日的收入

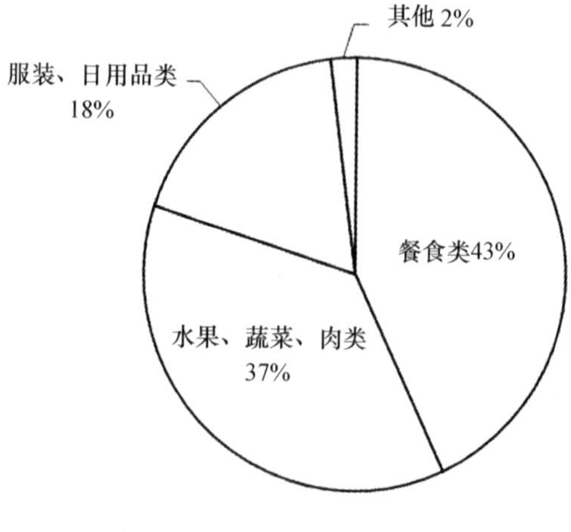

图 3—4　流动摊贩的经营种类

起伏较大，此次调查以一个月的总收入为调查依据来了解这一群体的经济水平。

图3—5显示：在调查的73名摊贩中，不同摊贩之间的收入差距明显，月收入不足1000元的有8人，1000—2000元的有13人，2000—3000元的有25人，3000—4000元的有17人，4000元以上的有10人。分别占调查对象的11%、18%、34%、23%、14%。

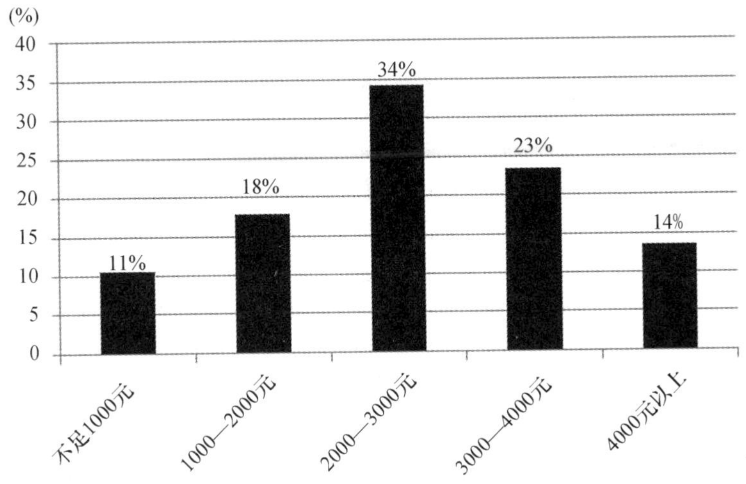

图3—5　流动摊贩的收入构成

而通过统计发现，月收入水平较高的摊贩，他们经营的种类主要是餐饮类，其次是农贸商品类，再次是服装、日用品类，如修鞋、配锁等其他式微行业的收入最低。鉴于大多数摊贩对有关收入问题比较避讳，在发放问卷时笔者多次强调只是了解整体情况，只需填写大概收入后，摊贩们才予以配合。笔者认为，通过问卷调查统计的收入与摊贩的实际收入有所偏差，其收入水平应低于实际所得。从调查研究的目的出发，本章仅以此统计数据作为这一群体经济水平的参考。由此统计结果发现，在收入水平上摊贩彼此之间也存在差距。

（四）流动摊贩的经营场所和经营时间

笔者对流动摊贩的集中区域进行走访，发现流动摊贩大多集中在医院、学校、车站、居民小区等人流量较为密集的区域，其摊位多是设置在这些区域的人行道两旁，或多或少地占用了步行道、车道、绿道等公共区域。

摊贩们的经营时间随着所在场所的改变也不相同。菜市场作为人们每天最早开始活动的场所，在大大小小的正规菜市场外，都能见到流动摊贩们的身影。菜市场外聚集着各种贩卖蔬菜、禽肉、海产品的摊位，活动时间大多集中在早上5—10时，晚上5—7时；在小区、学校、车站等场所，早上6:30—8:30是市民出行、学生上学的高峰期，经营最多的是早餐类的饮食；临近中午，在学校、工厂周边聚集着大量贩卖简易食品的摊贩；到了晚上，从8、9点到11点多，摊贩们大多聚集在小区、商业集中区周边，主要经营大排档、烧烤等宵夜饮食。

通过调查走访发现，从事农副产品的摊贩一般在菜市场周边设摊；从事饮食类的摊贩会较集中在小区、学校、车站、医院等周边，并且这一经营主体的流动性最高，很多摊贩会根据场所的需求时间不同，在不同区域摆摊经营；从事水果、生活用品、配锁、修理等类型的摊贩大多聚集在老旧小区周边。总体来说，多数流动摊贩的经营场所、经营类别和经营时间之间相互关联，有其一定的规律，这对Y县的流动摊贩问题研究与治理有着重要的参考价值。

三　市民对流动摊贩现状及管理情况的认识和看法

本次调查向市民发放调查问卷共计80份，收回71份，其中有效问卷65份。通过对“市民对流动摊贩现状及管理情况的问卷调查”的统计数据及对他们的访谈资料分析，笔者发现市民在对待流动摊贩和城市管理执法者两者的态度上相去甚远。对于流动摊贩，市民们多是将他们视为弱势群体，持理解和同情的态度；而对城市管理执法者则是给他们贴上强权的标签，在身份、地位上明显处于高位，给人强权霸凌的感觉。

问卷中关于流动摊贩的相关问题统计中，市民对城市流动摊贩的存在普遍持默许态度，在日常生活中都有购买过流动摊贩的物品，很多人更是每天都与他们打交道。在购买的种类上，果蔬鱼肉和小吃杂食是购买比例最高的两类，这与市民的日常生活需求最为贴近。在选择购买流动摊贩商品的原因上，笔者发现市民购物时常常从性价比和便利性方面考虑。而在流动摊贩存在问题上大多选择了“占道妨碍交通”和“产品质量差、不卫生”这两个选项，这与问卷中关于“如何治理流动摊贩问题”的选择上希望摊贩合法化、强化摊贩管理和服务等需求相对应。

在问卷里关于城市管理执法者的相关问题统计中，市民在“城管对流动摊贩的管理方式”这一问题中，选择“没收东西”的占比最高，之后依次是说服教育、罚款、辱骂殴打；在“城管在执法过程中是否存在暴力化现象”这一问题选项中，多数市民选择的是“偶尔存在暴力化情况，不是很严重”，从数据可以看出，市民眼中城市管理者的执法工作方式较之前完全的暴力执法有很大进步，采取了相对文明的执法方式，但与他们所期待的文明执法还有一定的差距。因此，对于如何缓解城市管理执法者与流动摊贩间的矛盾冲突，如何更好地让两者在城市中共生共存、和谐相处，这是本章所研究探讨的主要问题。

四　流动摊贩的存在效应

流动摊贩作为百姓谋生的一种职业手段，自古以来便一直存在，从引车卖浆，贩夫走卒，一路走来，历经千年，流动摊贩始终活跃在大街小巷。笔者运用辩证唯物主义观点来分析流动摊贩的正面效应和负面效应。

（一）正面效应

解决部分人员的就业问题。对于那些在年龄、学历、劳动技能上处于劣势地位的社会群体来说，想要在城市中获得一份稳定的工作并不容易，而选择自己创业开店做生意又拿不出大笔资金，因此流动摊贩这种限制条件少、经营成本小、回流资金快的谋生方式对他们来说是最实际最经济的选择。

方便市民的部分生活需求。尽管随着城市化进程的不断推进，百货商场、大型超市、农贸市场等生活配套设施日趋完善，但基于利益最大化原则，这些场所大多集中在较为繁华的中心城区、商业中心。而相对偏远的城区、工业区等基础设施不完善的地方来说，流动摊贩既提供了相对低廉的商品价格，又满足了居民购买日用品以及配锁、补鞋等服务需求。

（二）负面效应

占道经营问题。由于没有固定的门店经营场所，流动摊贩的摊位大多摆放在人行道、机动车辅道及公共绿地等场所，占用城市公共空间作为其经营场所，也即“占道经营”。为了招揽更多顾客，摊贩们主要集中在人流量密集的街区或路段。设摊时间也大多选择在早晚市民上下班、学生上下课的时间，大面积占据通行道路，使得原本就承受通行压力的城市交通超负荷运行，在增加交通拥堵的同时也带来不同程度的交通安全隐患。

市容环境卫生问题。流动摊贩的一大特点是流动性，有的摊贩在收摊之后一走了之，留下大量垃圾与废弃物。在炎热的夏天，残留的动植物、果蔬垃圾很容易聚集大量蚊虫苍蝇，滋生细菌，不仅增加了环卫工人的工作量，而且严重破坏城市的市容市貌。

产品质量、安全问题。流动摊贩常常通过低廉的价格来吸引更多的用户购买，进货渠道上往往更多地选取非正规厂商的“三无”产品。食品加工、电子配件、日用小家电等商品中充斥着大量假冒伪劣产品，一方面无法保证商品的品质，另一方面消费者在购买产品出现质量问题时，因缺乏相应的售后服务，往往是投诉无门。

第三节　Y县城市管理流动摊贩治理举措及存在问题分析

一　Y县流动摊贩治理的具体举措

为了更好地践行服务型政府的工作理念，Y县综合行政执法局在流动摊贩治理问题上不断探索与改进，根据不断变化的实际情况，对流动摊贩聚集较为密集、治理问题较为棘手的中心城区出台一系列的管理举措。

（一）城市管理行政执法方面的相关措施

定期组织执法工作人员学习有关行政处罚方面的法律法规、行政案件办理程序等相关业务知识，进行技能培训，提高执法人员的执法水平。通过完善、更新执法配套设备，配备专业的执法记录仪、录音笔、无人机、执法巡查车等执法硬件设施，不断规范和提高行政执法主体的执法水平。

（二）流动摊贩管理方面的相关举措

1. 分类管理。在不影响城市公共秩序及市容环境的前提下，对流动摊贩进行区别对待、科学管理。如将修鞋、配锁、修车等群众生活需要的服务项目纳入便民服务的范畴，安置在不影响交通的路口、巷口；在农贸市场划定适当的区域用于自产的农产品销售（如生姜、鸡蛋等）；烧烤类摊贩对环境卫生影响大，未进入疏导点的，坚决予以取缔。

2. 分区域管理。对主次干道的重点地段、区域实施一级管理，禁止流动摊贩占道经营。在对市容环境危害程度较小的区域，可以允许个别流动摊贩存在，但要对摊位的规模、摆摊的时间和经营范围进行限制。对城市外围的空地、车辆较少的道路等，可默许流动摊贩或农产品直销点设摊经营。

在中心城区的摊贩执法范围划分上，根据街道功能属性划分为市容靓丽街、市容整洁街、市容规范街三个类型，并有针对性地实行不同的管理措施。

市容靓丽街作为Y县城区形象代表的街区，管理标准是：24小时全面禁止占用街道店外经营、摆摊设点；沿街不能有污水、烟尘、废气、噪音等扰民现象；实行定人、定点、定岗、不间断巡查等严管措施。

市容整洁街在管理措施上与市容靓丽街类似，但在特定时间允许设置摊位，主要集中在晚上7点之后，在不影响居民日常生活的前提下，采取“适量、可能、必需”原则，经批准设置临时的便民服务摊点。

除了以上两种类型的街区外，其他所有街道、巷弄、社区内公共道路都属于市容规范街管辖范畴。在地理位置上与中心街区相比较次要，人流量、车流量相对较少，对道路交通、市容环境的影响偏小，因此在管理要求上可适当放宽，在许可的前提下可以临时规划设置部分摊点，按照有关管理标准从事日用百货、果蔬鱼禽、小吃热食等便民类摊贩经营活动。

3. 分时间管理。按不同的时间段进行管理，对从事早餐经营的流动摊贩在不影响交通的区域内，进行“四统一”（即统一地点、统一时间、统一卫生要求、统一配置垃圾箱）来规范管理。交通高峰来临之前以规范为主，高峰来临时就严格管理。在辖区内选取适当的地段开辟临时流动摊贩及夜市排档疏导点，通过堵疏结合的管理措施，对市区流动摊贩及夜市排档和疏导点进行有效管理，做到不影响交通、不污染环境。

二　现有流动摊贩治理措施存在的不足及原因分析

尽管Y县城管执法局对内通过提高执法人员业务能力，不断规范执法程序，完善执法配套设备等多种举措来提高执法主体的整体水平；对外通过不断改进流动摊贩管理方案，设置临时疏导点，引导入市等举措，使得Y县的流动摊贩占道经营、环境卫生、质量安全等问题得到了一定程度的改善，取得了一定的成效。但在实际执法过程中出现治理效果的反复性、短暂性，由此引发的摊贩不配合、群众不理解、暴力执法、暴力抗法等各种问题仍然存在。这说明我们工作中还存在一些不足之处，工作尚未做到位，与“以人为本，为民服务”的服务型政府的要求尚有差距。

（一）存在的不足

1. 治理效果不佳

Y县执法局在流动摊贩问题上实施了一系列管理措施，但是在实际成效上却形成不了稳定的态势，治理效果时好时坏，并反反复复。

在日常巡查执法上，执法人员的巡查时间、巡查地点较为固定，很多流动摊贩在掌握了执法人员执法规律的基础上有意避开，等到执法人员巡逻离开后再出来设摊，城管和摊贩之间经常上演“你来我走，你走我回”的躲猫猫游戏；再加上摊贩与城管们经过长期的博弈，摊贩内部之间相互联结，信息共享，只要执法人员在某处出现，周边摊贩们会很快得到消息，并且做好撤退应对策略，使得执法人员很多时候都扑空；另外，在执法人员与流动摊贩的正面交锋中，执法人员在对摊贩给予警示、告诫后，流动摊贩们的态度往往都是口头表示知晓并马上撤离，但更多时候只是做做样子，等执法人员离开后又继续经营。

此外，与常态化执法相对的是非固定执法，他们常常为了迎接上级的各类检查，而在某一段时间采取严格治理措施，开展集中整治活动。对重点的街区、道路的流动摊贩予以清理、取缔，行动结束一周内，效果确实较好，但是在执法力度松懈下来后又会回归以往模样。流动摊贩一如既往地出现在人员、交通密集的场所，执法上的“猫鼠游戏”一再上演，在治理成效上容易出现反复性和短暂性，无法形成常态化的有效治理。

2. 暴力冲突不绝

在城市管理的过程中，执法者与被执法者之间冲突最为明显的应该就是城管执法人员与流动摊贩之间的暴力冲突。“城管打人了”这句话大家都不陌生，甚至还成了某一时期的流行语。尽管在众多新闻媒体的报道中更多的是城管人员对流动摊贩的暴力执法，但实际上，这里的暴力冲突包括两种情形：城管人员的暴力执法；流动摊贩的暴力抗法。

城管人员的暴力执法。城管执法人员在对流动摊贩行政执法过程中违反法律法规，以言语辱骂、肢体殴打、强行扣押等各种暴力手段对流动摊贩身心、销售商品、道具所进行的暴力行为。在大力提倡服务型政府为主导的工作理念下，以及汲取全国各地关于暴力执法事件的经验教训基础上，Y 县的行政管理较为规范，执法人员在实际执法过程中极少出现极端暴力事件，然而在执法过程中所表现的言语生硬、态度冷淡、行为粗鲁等执法手段仍然存在，缺乏应有的人文关怀与服务意识。

流动摊贩的暴力抗法。流动摊贩在和城管人员的对抗中，大多认为自己属于弱势群体，在执法人员执法时，为免受行政处罚，他们会想尽办法阻止执法人员的执法行为，并对执法人员进行言语、身体攻击，或自导自演被城管暴力执法的游戏，以引路人注意，引导舆论站在自己这边从而躲避行政处罚。

3. 政策落实不全

尽管 Y 县政府针对当地流动摊贩的实际情况出台了相关的政策规定，通过设立临时疏导点的管理措施，以缓解流动摊贩管理难题，改善城市交通、市容环境状况，但在政策的实际推行上并不如意。

按照政策文件要求每个中心区街道都应设立至少一个临时疏导点以方便流动摊贩治理，然而在主城区的三个街道中，只有一个街道设立了临时疏导点，其他两个都没有明确的临时疏导点，主城区之外的乡镇、街道大多没有形成相对固定的疏导点，有限的疏导点无法满足大量流动摊贩的实际需要，“僧多粥少”的现状致使在流动摊贩的日常管理上疏导、分流工作无法深入开展。

（二）原因分析

1. 执法理念的偏差

近年来，各级政府部门纷纷响应党中央的号召，积极转变政府职能，大力推进“以人为本”的行政服务模式。然而，由于长期的固化观念影响，很多地方政府以及工作人员的观念尚未完全转变，依然受“管制”理念的惯性影响。作为负责多领域城市管理职能的行政执法部门，所面对的执法对象大多属于弱势、困难群体。在开展具体行政执法工作时，不少城管执法人员往往把自己定位为管理者，而将流动摊贩定义为“被管理者”，将彼此自然地划分为不同阶层，习惯于从执法者的立场考虑问题，不自觉地将执法对象视为对立面。在他们的观念中“管”字当头，以“制”治之；在执法中传达的是“命令—服从”的管理执法理念，缺乏服务意识。

2. 执法手段的失当

行使行政处罚权是城市管理行政执法部门的核心职能。在对流动摊贩管理的执法工作中，执法手段多是以扣押、罚款为主，这种执法方式缺乏人文关怀，不仅在与摊贩正面交锋时容易引发矛盾冲突，同时也极易给民众产生城管不近人情、冷漠执法的负面印象，不利于城市管理工作的规范运行。笔者呼吁赋予扩大城市管理执法部门的相对行政处罚权，有利于城市管理执法部门依法依规惩治违法行为、规范城市秩序。

第四节 社会工作介入流动摊贩治理的必要性及可行性

一 Y县城市管理流动摊贩治理推行人性化执法的背景介绍

作为政府重要组成部分的城市管理行政执法单位，肩负着城市市容环境、园林绿化、市政设施等多领域城市管理的职能，其行政执法内容与百姓日常生活关系密切，它是政府部门执政为民的表征之一。

城市管理执法单位行使各种行政执法手段对流动摊贩进行治理，其目的是更好地管理城市，打造更好的城市环境，营造更好的城市氛围，让人们能够享受到更舒心的城市生活。然而，简单、粗暴的行政执法手段，虽然在达成执法目的上更为快速有效，但同时更容易激化执法者与执法对象的矛盾冲突，甚至演变成严重的暴力事件，造成恶劣的社会影响，违背城市管理行政执法的初衷。以往简单、粗暴的执法模式存在一些不足之处，这与服务型政府倡导的“以人为本”的服务理念相去甚远，因此作为重要执法领域的流动摊贩治理更应注重“服务”，强调“以人为本”，通过“人性化”的执法方式，实现执法和服务两者的有机结合，深入践行服务型政府的执政理念。

二 社会工作介入的必要性

行政执法部门行使行政执法权时首先要确保执法主体的合法性，即执法主体在法律允许的范围内严格按照行政执法程序开展执法活动，即刚性执法。其次是在正规的执法过程中融入更多的人文关怀。执法人员在查处违法行为的同时关注执法对象本身的情感和问题，帮助、引导解决其困难，将法和情巧妙地结合起来，在保证执法工作顺利完成的同时，让执法对象感受到执法的温度，这是软件方面，即柔性服务。笔者认为，在行政执法开展过程中，对人性化执法的全面贯彻落实应该既需要刚性执法，又需要柔性服务。从Y县现有的各项执法举措中发现，在对流动摊贩的管理执法上，在刚性执法部分已经具备了一定的基础，为人性化执法的执法部分提供了保障，但是从Y县流动摊贩治理中存在的不足可以看出，现有的执法模式在人性化环节还有所欠缺，这为社会工作柔性服务的介入提供了契机。

如表3—1所示，从城市管理执法者与社会工作服务者在角色定位、工作职能、工作理念等方面的差异发现，二者在工作理念、工作方法上对应为一刚一柔的模式。将社会工作的柔性服务模式运用到城市管理执法工作中，为Y县城市管理在人性化执法的柔性服务提供机会，可以与刚性执法形成互补。这对完善人性化执法模式，全面贯彻落实服务型政府"以人为本"服务理念，打造服务型城管有着重要的参考意义。

表3—1　城市管理执法者与社会工作服务者的对比

身份	城市管理执法者	社会工作服务者
角色定位	管理者	服务者
工作职能	行使行政执法权，负责案件查处	帮助有困难的案主解决困难
工作对象	城市管理违法者	有需要帮助的个体、群体
工作理念	以管理为目的，以执法为手段	以助人为目的，以服务为手段
工作方法	以行政命令为主	以沟通、交流为主

人性化执法的"人性化"体现的是在执法过程中"以人为本"服务理念的运用。执法人员在执法过程中秉承执法为民，尊重执法对象的人格尊严，保持以礼待人和以理服人的态度。在与管理对象沟通时，执法人员需要以讲事理、通情理、明法理为主要手段，设身处地为执法对象着想，体谅他们的难处。执法人员通过这种方式，加强与执法对象的沟通，了解执法对象的行为动态和存在的问题，

真心实意帮助他们解决难题，促进执法工作的文明化和有效化。这一柔性服务理念与社会工作专业价值理念、服务技巧有很多共通之处。

三 社会工作介入的可行性

（一）理念的契合——共有的“以人为本”服务理念

人性化执法是行政执法部门践行服务型政府“以人为本”服务理念的具体体现。中国共产党的宗旨是全心全意为人民服务，“以人为本”既是一种价值取向亦是一种解决问题的思维方式，它需要尊重和关怀人性发展，需要强调公正并且关注弱势群体的生存需要。

社会工作中倡导的“以人为本”体现的是社会工作的专业价值理念。社会工作的助人服务是以尊重、接纳、个别化等价值观为基础所开展的无差别化的服务。尊重每一个个体，认为任何人的尊严和价值都应该受到尊敬和得到周到的对待，特别是对老年人、残疾人、贫困者，不能把他们当作社会包袱，在人与人的关系上树立平等、互助、合作的观念，尊重，不仅意味着在服务过程中对服务对象应保持的必要礼节与称谓，更重要的是对服务对象的需要和问题进行倾听、回应；接纳人，积极接受、相信和尊重、理解服务对象；个别化原则，即把每一个人看作是唯一的、不同的实体，应该受到不同的对待，了解每一个当事人的特点，然后有针对性地开展工作。

从二者对“以人为本”理念的诠释上可以看出，其理念的核心都是服务，服务于人民，服务于有需求的弱势群体，社会工作者是运用专业助人理念与技能帮助面临各种困境的人员，他们帮助服务的对象多数为社会弱势群体，社会工作者在该类对象的社会工作开展上有着丰富的服务经验。而流动摊贩治理中的管理对象也大多为处在社会较底层的困难群体，将社会工作的尊重、接纳、个别化等价值理念运用到行政执法工作中，以转变执法者固有的管制执法理念，以尊重对方为前提，用倾听、换位思考的方式与执法对象进行交流，让执法对象感受到被尊重、被理解、被平等对待的人文关怀。通过社会工作的柔性服务理念，使社会工作成为沟通和调节执法者与执法对象之间人际关系以及协调彼此立场的桥梁，通过对执法者执法理念的转变，进而产生角色的转变，从管理者转变为服务者。

（二）方法的互补——柔性服务助推刚性执法

社会工作既是一种服务理念，又是一种专业助人方法。社会工作服务的开展主要通过个案、小组及社区工作三种方式，根据服务对象的不同情况有针对性地制订相应的服务方案。社会工作以助人为目的，以服务为宗旨，在解决问题上采取交流、沟通的人性化方式，而不是管理和控制对方。

因此，在提倡服务型政府理念的大背景下，将社会工作柔性服务工作方法介入流动摊贩治理工作中，改变以往“以管代服”“以罚代管”的执法方式，执法人员在合法、合规之下，借助合理、合情的人文执法方式，在执法过程中倾注更多的人文色彩，在执法方式上采取柔和的执法态度，缓和执法氛围，避免出现执法冲突，将柔性服务贯穿到刚性执法措施中。

（三）目的的共通——改善民生

社会工作是社会工作者运用专业知识与方法帮助社会上处于不利地位的个人或群体和社区，克服困难、解决问题并预防问题的发生，恢复、改善和发展其功能，以适应和进行正常的社会生活服务活动。[①] 从其概念可以看出社会工作的服务目的是帮助困难者脱困从而更好地适应社会，全面发展。

流动摊贩群体带来的占道经营、假冒伪劣产品、食品卫生安全等种种弊端是城市管理机构对其进行治理的主要原因，但在看到他

① 李迎生：《社会工作概论》，中国人民大学出版社 2004 年版，第 5 页。

们的问题的同时也无法忽视他们给城市生活带来的种种便利与贡献，对流动摊贩治理的目的并不是要让其消亡，而是希望通过有效的措施与他们和谐共存，在保持良好城市秩序、市容市貌的同时，也能保障这一群体的各类生活需求，体现他们的价值。

流动摊贩的治理与社会工作的服务两者最终目的都是为了更好地改善民生，营造和谐的社会生活环境，城市管理者在行使行政执法职能维持城市秩序的同时，可借助社会工作的助人服务活动来帮助满足执法对象的各类需求，从刚柔两个方面共同助推最终目的的实现。

第五节　社会工作介入流动摊贩治理的理论及实践探索

笔者借助城市管理工作者与社会工作者的双重身份，以部分流动商贩为服务对象，参与并指导一线执法人员在流动摊贩治理工作中运用社会工作服务方法开展工作，将个案社会工作方法介入流动摊贩具体治理工作中，通过对比社会工作柔性服务机制介入前后的流动摊贩治理效果，探索社会工作服务机制在城市管理执法领域的可能性。

一　个案工作介入准备阶段

（一）背景介绍

站前路作为Y县交通、商业较为集中的老中心区，分为交通方面和商业方面，其中，交通方面设有全县城市公交枢纽站和各乡镇城乡公交总站，商业方面设有大型量贩超市、家电商场、餐饮门店、手机卖场等多项服务场所，这里是全县中心区人流量的主要聚集地，此处的流动摊贩占道经营情况比较普遍，这集中体现在两个方面，一方面是流动摊贩借助此处的高人气，满足市民购买需求的同时也增加了经济收入；另一方面是有限的公共空间被私人非法占据而阻碍正常的通行功能以致影响城市交通及市容环境卫生。因此城市管理执法者需对流动摊贩占道经营行为进行治理，以确保城市管理有序开展，在双方追求不同目标的前提下，避免彼此间摩擦与冲突的发生。

（二）资料收集

通过前期的走访调查，该地段的流动摊贩经营情况表现为在车站出入口以自产自销的菜农为主，占据着出入口两侧的通行道路；车站对面的商场地段主要以贩卖餐食小吃的流动餐车和经营服装、日用品类的小货车为主，主要占据道路内侧的人行通道和非机动车道，摊贩占道经营情况在上下班高峰期尤为严重。

（三）介入前流动摊贩治理工作开展情况

笔者随行参与一线执法人员在站前路的巡查工作。在车站出入口处及人行横道处，三三两两的有摊贩在设摊经营。

时间：10月21日　　地点：站前路　　人员：4人

第一处，以小货车为经营工具的水果摊贩

执法者A：（手指指向摊贩，并来回摆动）这里不准摆摊，赶紧收拾了离开。

水果摊贩：我这才刚刚过来，能让我多摆会儿吗？

执法者A：你没看见这是车站啊，车多人多，你这一摆，路都让你占去了，赶紧收起来把车开走。

第二处：用小菜篮子贩卖蔬菜的摊贩

执法者B：把你的菜给收起来！不要在这里摆摊！

蔬菜摊贩：同志啊，我这菜也不多，很快就卖掉了。

执法者B：这里不是菜市场，要卖菜到那儿卖去，不要摆在这里，会影响交通。

3 分钟后摊贩没有离开的意思。

执法者 A：跟你说听见了没有，赶紧把菜收起来，要不然我们就要没收了。

说话的同时执法者 A 用脚踢了几下菜农摆在地上的蔬菜，以示警告。

数分钟后摊贩还是没有离开，仍旧摆放着蔬菜。

执法者 A：我刚已经提醒过你了，你自己不收拾的话我们就把你的东西都给收了。说完后准备将摊贩的蔬菜收拾带走。

此时，摊贩的情绪开始激动起来，抓着执法者 A 不让他收拾，执法者 B 在旁将摊贩与执法者 A 隔离开来，以便 A 收拾蔬菜，三人之间在言语、肢体上发生了冲突。由于正值下班高峰期，陆陆续续有市民从车站进出，执法人员与摊贩的争执引起了路人的注意，不断有路人加入围观队伍。

路人 A：老人家卖点自己种的菜也不容易，你们也就不要太为难他了。

路人 B：是呐，稍微意思下也就好了，这菜总共也值不了多少钱。

路人 C：这里是车站，占着道路是不应该的，不过人家也不容易，你们城管工作，好好跟他说，人家也会理解的，没必要把事情弄大。

执法者 A：老人家，你看到没，这边是车站，现在又是下班高峰，你硬是占着道路妨碍交通，我们这也是做好本职工作。

蔬菜摊贩：我就摆出来一点点，卖完这点菜就回去了，你们通融下吧。

执法者 B：这不是菜多菜少的问题，而是你摆在路上了，你赶紧收拾下吧，否则我们只能把你的东西给扣押了。

围观者 D：老人家你还是自己先收拾了吧，不然真让他们收走了也不划算。

围观者 E：先把东西整理了吧，这会儿人多、车多，堵在路上大家都不方便。

数分钟后菜农收拾蔬菜离开，围观人群也渐渐散去。

二　个案工作介入实施阶段

（一）问题的陈述与分析

笔者在参与过程中发现，在执法过程中，执法者与流动摊贩的交流很少，谈话的内容都是以摊贩占道、违法经营行为作为切入点，直接要求摊贩撤离，在执法态度上较为生硬，执法方式以口头责令、告诫为先，在告诫无效后继而采取扣押、处罚手段，而在采取扣押等刚性执法手段时往往会引发言语和肢体冲突，从而触发执法者暴力执法与执法对象暴力抗法现象。像此次菜农事件，尽管没有上升至暴力事件，但会引起群众围观，这不仅会造成一定程度的交通堵塞，而且对城市管理执法者的形象造成一定的负面影响。

（二）服务目标

总目标：蔬菜商贩不再占道经营，恢复道路正常通行。

具体目标：建立城管执法人员与蔬菜商贩之间良好的沟通氛围，缓和两者身份的对立矛盾，促使双方相互理解与配合，以平和的方式解决商贩占道经营问题。

（三）服务计划：根据以上服务目标，将具体服务分阶段进行开展

实施过程第一阶段：

笔者借助执法工作人员的身份与一线执法者 A 展开交谈，以此次菜农事件为切入点，分析执法工作中存在的问题，将社会工作的尊重、接纳、真诚等专业服务原则传达给执法者 A，尝试转变现有

的执法态度与手段，将柔性服务运用到实际工作中。

执法人员访谈片段1

笔者：像今天这样的菜农事件，在我们日常执法工作中经常会出现吗？

执法者A：倒也不是说经常会出现，但是偶尔还是会有这样的情况发生。

笔者：那我们平常对流动摊贩的管理是怎么样的？

执法者A：就跟你今天看到的情况差不多，通常都是发现有摊贩占道经营了，我们就过去让他们离开。

笔者：你是过去就直接要求他们不要在这里摆摊，是吗？

执法者A：是的，就是跟他们说这里不准摆摊，让他们收拾东西离开。

笔者：没有和他们有进一步的交流吗？

执法者A：基本上很少，我们每天都要处理那么多违法行为，也没那么多时间一个个聊天。

笔者：那这种直接要求他们离开的做法，执行效果怎样？

执法者A：这个老实说，效果一般般，不是很好。很多摊贩他们都不理你，要么当作没听见，要么一边说知道了一边还继续摆摊，通常都要我们说很多次，才不情不愿地离开。个别一直不肯配合的，我们就只能扣押，往往这时候最容易发生冲突。

笔者：我谈下我今天的感受吧。虽然今天我没有直接参与执法，但是作为旁观者，感觉你们的气势有些强硬，在跟摊贩对话时有带着命令的口吻，老实说，换成我是商贩也不太愿意配合，毕竟谁也不喜欢对方强硬的要求。你看这样，下次我们出去执法的时候，能不能不要一开口就要求他们离开，试着先和他们交流，了解他们的基本情况，拉近彼此的距离，让他们感受到我们的服务态度，而不是对我们有敌对的想法。

执法者A：你这样一说，好像还真是，主要是我们也都习惯了，感觉不表现得强硬些工作更不好开展。那下次照你的方式试试看。

个案工作介入1

背景：上次占据人行道经营的菜农，此次摆放在车站出口处的通道上。

时间：10月23日　　地点：站前路　　人员：2人

笔者：老人家，你好。

菜农：又是你们，怎么这次又想把我的菜给没收啦！

执法者A：老人家，我看你也不止一次在这里摆摊了，你是家住在附近吗？

菜农：我不是这里人，我跟着儿子一家人来这里打工，在附近租房子住。

笔者：你这菜都是自己种的吗？

菜农：是的，都是我自己种的，我儿子儿媳他们在厂里上班，还有两个小孩要上学，我老伴身体又不好，都要花钱，我想着自己种点菜拿去卖，好帮衬点家用。

笔者：家里有小孩读书、老人吃药，费用开销是比较大。

菜农：是啊，我们一家大小，小孩子读书受教育要各种花销，老的生病吃药也要花很多钱，我老两口都是农民，没有退休金，想帮家里分担点，能想到的也就是摆摊卖点自己种的菜，能赚一点是一点。

笔者：老人家，你想自己卖菜赚点钱帮家里分担，我非常理解。但是哪里可以摆摊哪里不可以摆摊都是有规定的。你看这里是车站，人多车多，路本来也不是很宽，你这些菜一摆，路就更窄了，大家通行也不方便，再加上车子开来开去的，万一擦碰到你也不安全。我们的工作也是为了方便大家，保障安全，希望你能理解，配合我们的工作。

菜农：我想着车站人比较多，菜会比较好卖。其实我也知道摆在这里不对，但我一个老头子，没什么文化也没钱，也只能靠摆摊来做点小买卖。

笔者：你的难处我们都能理解，不是说不让你们摆摊，而是这里不能摆摊，我们有划定了临时点，你可以去那里摆摊。清远路新华书店那边就有一处经过批准可以摆摊的地方，离这里也不远的，你可以把菜拿到那边去卖。

菜农：那个地方我有听说过，我就想着这里人来来往往比较多，生意好做点。

执法者A：老人家，这里人是多，但是车也多，道路就只有这么宽，大家要是都在路上摆摊，这边的交通就没办法通畅了，而且对城市的环境卫生也带来很大影响，新华书店那边人也不少的，而且还是经过允许的，很适合你做生意的。

执法者A：老人家，我们之前也不是故意为难你，我们的工作就是确保道路通畅，不在不允许的地方摆摊，没有特意针对你的意思。

菜农：同志啊，你们说的我其实也都明白，我也不是想为难你，就是自己想在这里多卖点菜，补贴点家用。你们上次语气那么硬，一上来就要没收我的菜，那我肯定不同意的啊。你们今天这么跟我慢慢讲，我心里也舒坦些，明白你们也是想做好自己的工作，我现在就收拾了。

实施过程第二阶段：

笔者以社会工作者的身份进一步向执法者A推行社会工作专业方法与技能。以人本主义理论、马斯洛需求层次理论等专业社会工作理论为指导，将一致性沟通、“人在情境中”等社会工作理论运用到对流动摊贩的管理工作中，以期让柔性服务更深入地实践到日常执法中。

执法人员访谈片段2

笔者：你觉得我们今天的执法情况如何？

执法者A：感觉比之前的工作开展得顺利些。

笔者：能说下你的感受吗？

执法者A：在这次菜农占道经营的处理上我感觉比上次开展得顺利多了。之前一过去就要求他马上离开，连个过渡都没有，更多的是站在执法工作者的角度，想着能快点把这工作完成，只是把他们当成违规占道经营者，没有过多地考虑到摊贩的感受。这次主动了解对方，感觉他对我们的态度也缓和了不少，不像之前那么紧张，虽然还是劝说了好一会儿才离开，但起码没有再出现冲突，还是比较理解和配合我们的。

笔者：是的，我也这样认为，这次我们没有一开始就采取强硬的方式，而是采取相对柔和的态度，结果比之前的工作开展得还顺利。

执法者A：的确是这样，之前我一直觉得在执法时应该以强硬为主，不然没有震慑力，对方也不会听你的话。今天用这种协商的方式来处理，发现效果更好。

笔者：我们作为执法者更多地是以执法者的角度来思考、处理问题，其实很多时候，换个角度，换位思考，从对方的立场出发，感受对方的情感与需求，可能会对我们的工作开展更有帮助。

执法者A：对呀，是应该多换位思考，那其实按照这个思路，我们也可以让对方体会我们的感受，这样彼此也能更好地相互理解。

笔者：不错，那接下来的工作中可以再继续尝试。

个案工作介入2

时间：11月1日　　地点：站前路　　人员：2人

执法者A：你好，老人家，前几天巡逻的时候没有看到你在这设摊了，怎么今天又摆在这里了？

菜农：同志啊，我之前听了你们的话到新华书店那边去摆摊了，可是我发现白天的生意还是这边好一些，所以今天又过来了。

执法者A：老人家，我很高兴你之前有把我们的话听进去，搬到指定的地方去摆摊，这说明我们的工作没有白做。可是你现在又来到这边摆，根据规定，你不能在这摆摊。

菜农：我知道的，也不是故意与你们作对，就想着这里生意好些能多卖点出去。

执法者A：你的想法我们都能理解，生意人都是希望能在人气旺的地方卖东西。虽然这里人流量很多，但是政府规定不能在这里占道经营也正是因为人气旺。你想啊，这里人多车多，道路本身又不是很宽敞，要是大家都在这里路边摊位一摆，整个交通、道路环境卫生都会受到很大的影响。如果换成是你每天都要从这里上下班经过的，看着乱糟糟的交通、脏兮兮的环境，心里肯定是不喜欢的。

菜农：是，听你这么一说也的确是这样，有时自己也觉得路上摊位卫生不好，出行也不方便。

执法者A：所以我们的工作是为了让大家生活得更舒服，这也需要我们大家相互理解、相互配合。

菜农：是，既然你们来了，我知道也不好再摆下去，我现在收拾了去那边摆好了。

执法者A：谢谢你的配合，你也可以去这附近的菜市场里面摆，每个大的菜市场里面都有专门留出给自产自销的菜农的摊位，租金方面也有一定的优惠政策，你可以去那边了解下，我觉得还是比较适合你。

菜农：好的好的，我一老头子很多消息也不灵通，政策什么的也不是很懂，那我就去菜场那里问问看。

结案

此后的一个月，在对站前路一带的日常执法巡查工作中，没有再见到那位菜农的身影，故对此次个案工作予以结案。

（四）评估

1. 过程评估

在此次的个案工作中，笔者将社会工作服务理念与方法分阶段、渐进式的方式向一线执法者进行讲解，并指导其运用到具体工作的开展过程中。根据每次与菜农正面接触的不同状况，分析存在的问题，借助社会工作的柔性服务特色，从第一次在与流动摊贩的沟通中，通过礼貌问候，关心摊贩个人情况、传达理解等具有人文关怀的情感表达后，摊贩在态度上有所缓和，没有出现过激的语言和肢体动作，到第二次更进一步关注摊贩本身的感受与需求，并提供可行的解决措施，提供更加人性化的服务，同时作为执法者本身也感受到被对方理解、配合的欣慰。

2. 效果评估

笔者将个人作为执法者的管理角色与社会工作者的服务角色结合起来，通过分析前期参与一线执法人员和对流动摊贩治理工作中发现的问题，对比现有执法在“人性化”服务上的不足之处，从执法者与执法对象的日常沟通着手，以沟通用词、沟通态度上的转变为切入点，将社会工作柔性服务融入人性化执法中，为已有的刚性管理添加柔性元素。在社会工作服务机制的实际探索上，尽管工作内容没有变化，仍是开展执法工作，虽然只是在言语、态度上作了改变，但传达给执法对象的却是带有情感温度的人文关怀。社工将尊重、同感、接纳、个别化的专业价值理念落实在实践操作上，渗入柔性服务，促使双方在沟通中获得情感的双向表达与认可，从而缓解双方在角色、立场上的冲突，达到一定程度上的平衡。

第六节　社会工作介入城市管理人性化执法成效评析及发展展望

一　社会工作介入存在的不足

本章对社会工作柔性服务介入城市管理人性化执法建立在理论架构上进行探讨与分析，而在实践探索部分借助笔者城市管理执法者和社会工作者的双重身份，以一线执法人员和特定流动摊贩为服务对象，向执法人员传授社会工作专业理念与方法并将其实际运用到流动摊贩个案工作中。尽管这项工作在实际实施中取得了一定的效果，但因实施主体自身水平及资源的有限性，在社会工作专业服务的发挥运用上仍存在很多不足：在介入对象上只选取了单个执法主体和执法对象，样本上较为单一，缺乏多样性；在介入策略上以个案工作为服务模式，重社会工作服务理念而轻实务技巧运用；在介入方向上以执法双方态度、情感的转变为主，在如何帮扶流动摊贩群体更深层次的问题与需求和改善执法主体存在的不足方面缺乏进一步的探索，这些都是本章中针对社会工作介入城市管理人性化执法中存在的局限性。

二　社会工作介入城市管理行政执法的发展展望

受限于笔者自身专业水平及多方面因素影响，本章在社会工作柔性服务介入城市管理执法模式的理论与实践探索上不够全面深入，但正是通过此次探索，笔者发现了社会工作在流动摊贩管理以及行政执法领域有其发展的可能性。笔者期望能以“小”社工的服务介入效果引出“大”社工的加入，为社会工作服务机制充实行政执法体系、丰富人性化执法内涵起到些许参考价值。笔者期待：发挥Y县本土社会工作资源优势。Y县社会工作从2008年起步阶段时的全县只有5人取得社工职业资格证书到如今近千人，其中，取得温州、全国职业资格证书的有200余人。民政部门先后成立了1家社会工作者协会、25家民办社工机构，这样社工机构总数达到26家，实现了98个城乡社区社会工作室基本覆盖。在服务内容上，这些社工机构覆盖社会福利、社会救助、慈善事业、社区建设、婚姻家庭、纠纷调解、应急处置等社会民生领域，积累了丰富的社会工作服务经验。因此，笔者认为，Y县社会工作在城市管理执法领域的发展，可以Y县本土社会工作资源优势为依托，以专业社工机构为平台，从政府、摊贩、公众三个层面入手发挥社会工作柔性服务在城市管理人性化执法上的作用。

在政府、执法部门层面。以政府购买社工机构服务的方式，对城市管理执法者开展系统专业化的社会工作柔性服务技能培训，以社会工作柔性价值理念改变执法人员执法理念、执法态度，以社会工作柔性实务方法完善执法人员的执法手段，凸显人性化执法的人性化部分，促进人性化执法的进一步完善。

在流动摊贩层面，充分发挥社会工作者的服务提供者、资源获取者等服务角色。立足摊贩的实际需求，社工联合政府机构、社区、志愿者等多方资源，以开展“单对单”的个案工作，“单对多”的小组、社区工作的方式为满足流动摊贩技能培训、子女教育、健康医疗等多层次、多领域的需求提供服务。执法人员在城市管理执法时，真正关注、关心这一群体的物质、精神需求，帮助其解决存在的实际困难，感受到政府执政为民的人性化服务。

在社会公众层面，普及法律知识。社工利用法制宣传日、社工节和其他活动日的宣传等契机，以社工机构和城市管理执法部门相联合的方式，普及《行政处罚权法》《行政处罚条例》《市容和环境卫生管理条例》等刚性法律法规知识、增强公众对城市管理工作的认可与理解的同时，展现出城市管理执法柔性的一面，通过宣传柔性服务开展的先进案例与成效，改变以往社会公众对城市管理执法者固有的负面形象，为城市管理执法工作的顺利开展营造良好的社会舆论氛围，从而助推城市管理在流动摊贩治理上的人性化执法。

第七节 结论

城市管理综合行政执法工作内容繁杂，涉及城市的方方面面，而流动摊贩治理问题由来已久，受政治、经济、文化等多方面因素的影响，成为一项极其复杂的社会问题，在短时间内难以得到解决。在当前服务型政府“以人为本”理念的背景下，推行以服务为主和管理为辅的人性化执法模式是必然趋势。将社会工作专业服务介入城市管理行政执法领域，通过在流动摊贩治理上的具体实践，社工以特有的柔性服务理念助推人性化执法，这是一场全新的探索与尝试。尽管社会工作特有的服务机制在流动摊贩治理问题上尚有许多可以发挥的可能与空间，但鉴于本章更多的是在理论基础上，尚有待深入研究与探讨。因此，笔者期望在理论界与实务界的共同努力下，能够将社会工作服务理念和实务技能真正运用到行政执法工作中，在执法部门践行服务型政府人性化执法的同时，城市中的流动摊贩可以拥有更好的生存与发展空间，从而营造和谐共存的城市生活。

本章小结

随着城市化进程的推进，城市发展日新月异的同时也产生了一系列城市化问题。流动人口激增、城市垃圾剧增、交通道路拥堵、拆迁信访等一系列社会问题，造成城市管理的难度日益增加。城市管理的出现是为了更好地管理城市，更好地服务居民，然而从它诞生以来人们所知晓的更多的是各种负面新闻。

本章试图以人性化执法为出发点，以浙江省温州市 Y 县城市管理之流动摊贩治理为研究样本，结合Y县实际分析流动摊贩治理存在的问题及原因，从社会工作的独特优势入手，通过社会工作和城管人性化执法“以人为本”的共同服务型理念以及一柔一刚的工作方式的双向结合，探析其引入社会工作的必要性和可行性。

在流动摊贩工作的实践探索上，笔者以城市管理工作者和社会工作者的双重身份开展社会工作专业服务，对比社工介入前后的管理效果，既发现了社会工作者在城市管理流动摊贩治理上的可能性，同时又发现了一些问题，为城市管理人性化执法的进一步发展提供理论和实践方面的借鉴，进而为化解执法难和执法对象不满意的问题提供参考。

附 录

表1 流动摊贩基本情况问卷调查

1. 您的性别：□男 □女

2. 您的年龄：□18—30岁 □31—45岁 □46—60岁 □60岁以上

3. 您的出生地：□本县市 □省内县外 □省外

4. 您目前有无购房（固定住所）：□有 □没有 □租房

5. 您的教育水平：□小学 □初中 □高中 □专科 □本科及以上

6. 您的家庭规模：□单身 □2—3人 □4—5人 □5人以上

7. 您的家庭是否还有其他收入来源：无□有□（请简述来源）

____

8. 您的月收入水平：□1000元以下 □1000—2000元 □2000—3000元 □3000—4000元 □4000元以上

9. 您目前的主要经济支出：

□子女教育 □赡养老人 □日常生活开销 □疾病治

疗 □其他

10. 您从事这份工作的时间：□不到 3 个月 □3 月至半年 □半年至 1 年 □1 年以上

11. 您从事商品经营的主要类型：□水果 □蔬菜 □鱼、禽类 □早餐 □主食小吃 □服装饰品 □生活用品 其他

12. 您每天的经营时间：□3 小时以下 □3—6 小时 □6—10 小时 □10 小时以上

13. 您所遭遇到的城管管理方式：□劝说教育 □驱赶 □扣押 □罚款 □其他

14. 您是否曾与城管发生冲突：□从来没有 □1 次 □1—3 次 □3 次以上

15. 您对城管部门的满意度：□满意 □一般 □不满意 □很不满意

表 2 市民对流动摊贩现状及管理情况的问卷调查

1. 您是否有在 Y 县的大街小巷见到过流动摊贩？

□从没见到 □偶尔见到 □经常见到

2. 您认为城市中的流动摊贩的存在是否重要？

□重要 □可有可无 □不重要

3. 您会向流动摊贩购买商品吗？

□从不 □偶尔 □经常

4. 您在购买哪些商品时会选择流动摊贩？（可多选 ）

□果蔬鱼肉 □小吃杂食 □ 服装饰品 □日常用品 □其他

5. 您向流动摊贩购物的主要原因是什么？（可多选）

□价格便宜 □购买方便 □服务周到 □从众、成习惯

6. 您认为流动摊贩存在的问题是什么？（可多选）

□占道经营妨碍交通 □商品质量没保证，存在安全卫生隐患 □影响社会治安 □影响市容环境

7. 您觉得本县的城管在流动摊贩治理上的成效如何？

□成效不错　□成效一般　□时好时坏　□不好，基本没什么改善

8. 您所见到过的城管对流动摊贩的管理方式是怎样的？

□说服教育　□扣押、没收摊位　□辱骂殴打　□罚款　□其他

9. 您见到城管人员与流动摊贩发生冲突时，有什么感受（可多选）

□同情流动商贩 □支持城管做法　□跟我无关，没什么感觉

10. 您认为城管在对待流动摊贩时应是什么样的态度？

□铁手腕，以惩罚为主　□柔心肠，以劝教为主　□刚柔相结合　□视对象而定

11. 您认为城管在执法过程中是否存在暴力化现象？

□存在暴力化现象，而且非常严重

□偶尔存在暴力化现象，不是很严重

□不存在暴力化现象

12. 您认为该如何缓解城管与流动摊贩的紧张关系（可多选）

□加强执法队伍建设，倡导人性化执法

□完善城管执法体制，规范执法流程

□合理设置临时疏导点

□建立摊贩管理的长效机制

13. 您对城管部门的满意度：□满意　□一般　□不满意　□很不满意

第四章

灾害社会工作在台风防灾减灾救灾中的探索研究

第一节　导论

一　研究缘起

（一）研究背景

我国是世界上遭受自然灾害影响最严重的国家之一，灾害种类多，发生频率高，分布地域广，尤其是近年来我国境内的干旱、洪涝、台风、雪灾、泥石流、地震等灾害给灾区人民带来巨大的经济损失和人身精神伤害。2017 年第 13 号台风“天鸽”在珠海市金湾区沿海地带登陆，登陆时中心附近最大风力达 14 级。紧邻珠海的中山市受到正面袭击，这是中山市有气象观测记录以来最大风速的台风。台风“天鸽”造成广东 11 个市 32 个县受损，其中广东受灾人数有 46.8 万人，9 人死亡，直接经济损失 119.2 亿元。[①]

近年来，我国不断完善防灾减灾救灾体制机制，着力加强防灾

① 《台风“天鸽”致 5 省份受灾 直接经济损失 121.8 亿元》，http：//news.southcn.com/china/content/2017－08/25/content_ 176752034.html。

减灾救灾基础设施、人员装备和基础能力建设。各级人民政府设置减灾委员会，作为自然灾害救助应急综合协调机构，各成员单位根据应急响应级别，按照各级减灾委的统一部署和各自职责，配合做好自然灾害救助工作。此外，很多社会力量亦参与到自然灾害的防卫和救援工作之中。在灾害发生之后，各类社会组织、志愿者募集物资、亲临灾区参与救援；在灾后重建阶段，社会组织与志愿者亦参与其中。在这些社会力量中，社会工作作为抗灾减灾服务中一种专业的介入力量发挥了重要的作用。

2008 年汶川地震之后，社会工作在救援以及灾后重建过程中发挥了巨大作用，灾害社会工作从此成为社会工作研究的一个重要领域。2013 年，民政部发布的《关于加快推进灾害社会工作服务的指导意见》指出，灾害社会工作是以受灾群众、家庭和社区为服务对象，运用社会工作专业方法，帮助受灾对象修复受损关系、提高发展能力、增强社会功能、走出生活困境的专业服务，是社会工作服务的重要组成部分。①

社会工作以助人自助见长，在一定程度上弥补了传统救灾方式的缺陷。灾害社会工作对自然灾害的介入主要表现在灾后个体创伤抚慰、社会关系重建、社会秩序恢复等方面。在汶川地震、玉树地震、舟曲山洪泥石流、芦山地震后的灾害救助中，灾害社会工作作了一些初步探索，在调适受灾群众心理、重建灾区的社会关系、恢复灾区社会功能方面，灾害社会工作都发挥了巨大作用。

根据广东省气象局历年来数据，每年登陆或者严重影响该省的台风年均有 5.3 个②，南方的省份每年都会因为台风造成较为严重的人员伤亡与财产损失。2017 年 8 月，中山市遭受到第 13 号台风“天

---

① 《民政部关于加快推进灾害社会工作服务的指导意见》，http：//www.mca.gov.cn/article/yw/jzjz/fgwj/201605/20160500000327.shtml。

② 《年均 5.3 个台风登粤 整体数量减少强度增加》，http：//www.gd.xinhuanet.com/newscenter/2017－08/30/c_ 1121570071.html。

鸽”的正面袭击，政府联合社区三防[①]能力建设服务中心、社区居委会和群众共同救灾。社区三防能力建设服务中心是社区中的自然灾害救助机构，其成员包括社区居委会成员、社区社工中心的社工以及社区居民。

（二）问题的提出

灾害社会工作是指社会工作者以遭遇自然灾害或社会灾害的个体或群体为服务对象，坚持“助人自助”的社会工作价值观，运用包括个案工作、小组工作、社区工作以及社会工作行政等专业方法，提供支持和服务，帮助他们脱离危险、走出困境、恢复正常生活的服务活动。

中山市X镇社区三防能力建设服务中心的人员参与了台风“天鸽”的防御与减灾救灾活动，作为“三社联动”的典型部门，三防中心如何在社会工作基本理念和价值观的指导下开展专业服务？他们的工作使用了哪些专业方法？取得了什么效果？社会工作在台风防御中扮演了什么角色才能在灾害的防御与救援中更好地发挥社会工作的作用？这是本章要探讨的问题。

（三）研究意义

1. 理论意义

灾害社会工作是社会工作的一个重要分支，2008年汶川地震之后，随着社会工作介入灾后重建工作，对灾害社会工作的理论研究与日俱增。但是迄今为止，有关灾害社会工作的理论和研究大多是关于地震灾害中的灾后重建领域的探索，在灾害防御和紧急救援方面的探讨较少。由此可见，关于台风侵袭造成的灾害社会工作研究甚少，这就为本书提供了新的空间。因此，对社会工作介入台风自然灾害防御和救灾的运行机制进行探讨，可以丰富灾害社会工作理

---

① 三防是指防旱、防汛、防台风。

论，拓展灾害社会工作的研究领域，为社会工作介入防灾救灾工作提供更多的理论指导。

2. 现实意义

我国的防灾减灾救灾工作的研究已经取得了不小的成效，作为改革开放前沿地带的广东省，尤其是珠江三角洲地区，是我国最早进行灾害社会工作研究的地区之一。2008 年汶川地震发生之后，广东省的社会工作者是最早一批进入灾区进行救助的社会力量。广州社工在汶川灾区成立了映秀社工站，参与灾后恢复重建。在发生台风灾害之后，广东省的社会工作力量也积极参与到减灾救灾中，取得了一定的成效。

目前，社会工作尚未纳入我国的国家灾害救助体系、紧急救援条例和社区发展规划内，灾害发生时依然基本依靠政府。而社会工作因其先进而独特的理念和方法，不仅可以在灾害紧急救援中及时全面地了解灾民需求，调动一切可利用资源，也可以用专业化的服务手段在灾后帮助灾民重建社区，实行“助人自助”的活动，而且社会工作者可运用多样化的方式宣传防灾知识，提高民众的防灾意识。因此，灾害社会工作不但可以作为政府救灾的重要补充手段，而且可作为政府与群众联系的桥梁，达到提升救灾质量的效果。

笔者以中山市 X 镇防御 2017 年第 13 号台风“天鸽”为例，对社会工作介入台风自然灾害防御和救灾的运行机制进行探讨。这项研究既可为灾害社会工作开辟一条发展的新道路，也可为防御台风灾害工作提供一条新路径。此外，还可进一步完善我国刚处于起步阶段的灾害社会工作体系，探索一种更加高效的灾害社会工作发展机制，使防灾减灾救灾工作取得更大成效。

二　文献综述与理论视角

（一）文献综述

2008 年前，国内对灾害社会工作的研究较少。2008 年汶川地震发生之后，社会工作作为一支专业力量参与到灾害救援与灾区重建中，此后，在玉树地震、鲁甸地震、芦山地震、雅安地震中，社会工作也介入灾害救助工作。随着社会工作对灾害预防与救援、灾区重建工作的介入的初步探索与逐步加深，学界开始展开对灾害社会工作的研究。综观当前对灾害社会工作的研究，主要集中在灾害社会工作理论、灾害社会工作实务方法等几个方面。

1. 灾害社会工作的相关理论研究

吴越菲、文军认为，社区导向的灾害服务应选择以社区为本的模式，即把社区置于灾害社会工作服务的中心，在延续社区社会工作传统时，实现社区服务内容和社区组织内容的结合，使国家与社区共同发挥作用。①

张粉霞认为，强调“多重系统取向”“复原为本”以及“过程导向”的灾害复原力理论，对于弥补我国本土灾害社会工作不足具有重要的借鉴意义。灾害复原力模型强调“过程导向”，将灾害服务当作一个深思熟虑的过程，重点关注在灾难事件中“人”的角色。因此，灾后救援与重建不能整齐划一地被处理，而应强调每个人经验的独特性。②

徐选国提出，“国家（政府）与社会（尤其是社会工作服务机构）之间的关系演化逻辑是在灾害与社会工作这两大要素背后真正起支配作用的本质要素。国家与社会之间关系从一种二元对抗、分裂走向合作、共生的关系状态，这为分析灾害社会工作发展轨迹，尤其是政府与社会工作服务机构之间的关系演进提供了一种新颖的思路和理论视角。”③

---

① 吴越菲、文军：《从社区导向到社区为本：重构灾害社会工作服务模式》，《华东师范大学学报》（哲学社会科学版）2016 年第 5 期。

② 张粉霞：《灾害社会工作本土经验反思与实务模型建构——基于灾害复原力理论视角》，《云南师范大学学报》（哲学社会科学版）2016 年第 5 期。

③ 徐选国：《“国家—社会”关系范式下灾害社会工作的生成机制研究——以四川社会工作实践为例》，《天府新论》2014 年第 2 期。

灾害社会工作实践随着灾害社会工作理论的发展而发展。在实务过程中，学者以及社会工作者不断完善和丰富着灾害社会工作理论。但是，这些理论主要集中于灾害重建过程中的社会工作介入，缺乏对预防灾害的指导。

2. 灾害社会工作实务研究

文军、吴越菲基于云南鲁甸地震灾区上海社会工作服务队的本土实践经验，建构以“社区关系重建”为核心的社会工作整合服务模式——重建个人与内部现实的关系，重建个人与外部现实的关系，重建群体与内部现实的关系，重建群体与外部现实的关系，整合多种理论范式、联合多元主体、采用多种方法、打破专业分界，从而综合回应社区需求、解决社区问题。[①]

张粉霞依据灾害复原力理论，选取个人（家庭）和社区两个层面为纵向界面，以人力资源、经济资源、社会资源和政治资源四个层面为横向层面，并将社会工作角色功能嵌入进去，构建了以“复原为本”为主的灾害社会工作实务模型。[②]

朱希峰指出，上海社工灾后重建服务团在灾后社会工作中，以灾区居民的需求为导向进行资源运作。建立统筹机制，提高社工的服务效能；整合政社资源，形成政社良性合作；开发案主的资源，激发居民自身的潜力；合理配置资源，保证民众权益。但是，要发挥社会工作资源整合的优势，还需完善社会政策，吸引政府重视，培育专业力量，促进居民自助，以及动员社会参与。[③]

研究发现，2008 年之后，灾害社会工作的实务以及研究取得了较大的进展，灾害社会工作在灾害救援尤其是灾后重建中发挥了巨

---

① 文军、吴越菲：《灾害社会工作的实践及反思——以云南鲁甸地震灾区社工整合服务为例》，《河北学刊》2016 年第 5 期。

② 张粉霞：《灾害社会工作本土经验反思与实务模型建构——基于灾害复原力理论视角》，《云南师范大学学报》（哲学社会科学版）2016 年第 5 期。

③ 朱希峰：《资源运作：灾后社区社会工作的重要技术》，《杭州师范大学学报》（社会科学版）2009 年第 2 期。

大的作用。但是，无论是对灾害社会工作的理论研究，还是实务研究，大多数学者的目光都集中在灾后重建上，对预防和救援的实务探讨比较少，而在减灾防灾救灾工作中，理想的状态是发挥减灾防灾作用，把灾害的后果控制在最小范围内，因此，探讨灾害社会工作在灾害发生之前如何防灾以及在灾害发生的第一时间如何参与救援是必要的。此外，目前学者对于灾害社会工作的研究主要是地震这一种灾害，但是，我国的自然灾害种类繁多，不同的灾害所造成的程度不同，受灾群众也不同，因此，社会工作的介入也应不同。对社会工作介入其他自然灾害，比如台风、洪水、泥石流等进行探讨也是必要的，这样可以加深我国灾害社会工作的研究，积累更多的经验。

（二）理论视角

1. 优势视角

20 世纪 80 年代，美国堪萨斯大学社会福利学院对传统问题视角的社会工作进行质疑，并开始进行早期优势视角的社会工作的探索。该学院的丹尼斯·塞利比（D. Saleebey）教授在《优势视角——社会工作实践的新模式》一书中提出："优势视角是一种关注人的内在力量和优势资源的视角。每个人、团体、家庭和社区都有优势，社工应遵循案主的叙述脉络来了解他们的问题、根源与需求，所有的环境也有充足资源，要学会如何去有效利用这些资源。"①

优势视角引入中国之后，迅速扩展到了不同的服务领域，包括留守儿童、流动儿童、大学生、留守妇女、少数民族、空巢老人、贫困人口、社区矫正等。优势视角关注服务对象的优势，激发其潜能，促进社会工作者与服务对象建立联系，有利于调动服务对象的资源，充分体现了社会工作"助人自助"的理念。因此，在灾害社

---

① ［美］丹尼斯·塞利比（D. Saleebey）编著：《优势视角——社会工作实践的新模式》，李亚文、杜立婕译，华东理工大学出版社 2004 年版，第 18 页。

会工作中采用优势视角是可行且必要的。

2. 增能理论

20世纪70年代，美国哥伦比亚大学学者巴巴拉·索罗门（Barbare Soloman）于《黑人的增能：被压迫社区里的社会工作》一书中提出“增能”这一概念，“增能”一词由“Empoverment”翻译而来，也译为增权、赋权等。朱孔芳认为，所谓“增能”是指这样的一个过程：“通过改变人的态度来改善人与自然和人与人之间的关系，提高社区或个人的自信心与自决意识，扩大人们的视野，以增强他们解决社区及个人问题的能力。”①

增能理论认为，弱势个体及群体的无能感和无力感是他们在与环境的互动过程中产生的负性经验所导致的。这些无能感和无力感以及社会环境中不利于弱势群体的制度和政策阻碍弱势群体潜能的发挥。但是，个体、群体及社区的权能是可以改变的，他们是有价值、有潜力的。因此，在增能的视野下，社会工作者相信服务对象的潜能和优势，注重激发服务对象的潜力，提高他们应对问题、解决问题的能力。② 增能理论认为案主是有积极性和主体性的，较好地秉承了社会工作“助人自助”的基本理念，促进实现服务对象的成长及能力的提升。笔者认为，在灾害社会工作的研究中要坚持增能取向。

三　研究设计与研究方法

（一）研究设计

本章在已有的理论研究基础上，以中山市X镇防御2017年第13

---

① 朱孔芳：《灾区重建中的社区能力建设》，《华东理工大学学报》（社会科学版）2008年第4期。

② 刘淑娟：《增权理论视阈下针对妇女家庭暴力的研究》，《东北师大学报》（哲学社会科学版）2010年第6期。

号台风“天鸽”为例，着力分析社区三防能力建设服务中心在防台与台风救援中的参与以及发挥的职能。

第一部分，首先分析在我国灾害多发的背景下，社会工作参与防灾减灾救灾的必要性，在此基础上，提出本章的研究主题和研究问题。

第二部分，对以往灾害社会工作的研究进行文献综述，总结前人对灾害社会工作的理论、实务及发展机制的研究，并指出研究存在的不足；此外，介绍本章的理论视角，即优势视角与增能理论，对这两个理论的内容进行评述。

第三部分，介绍我国目前的防灾减灾救灾体系及灾害社会工作对防灾减灾救灾工作的介入，介绍防灾减灾救灾的国际经验，在总结国内外经验的基础上对X镇灾害社会工作参与台风防御救灾工作进行反思。

第四部分，以案例的形式呈现灾害社会工作介入X镇台风防御与救灾的过程，展示灾害社会工作在X镇台风防御与救灾工作的具体实践。

第五部分，总结灾害社会工作扮演的角色、使用的技巧，提出改进灾害社会工作使用的技巧及提升效能的建议。

（二）研究方法

社会工作在百余年的发展过程中，形成了一套工作方法，个案工作、小组工作、社区工作等是经典的工作方法。中山市X镇社区三防建设服务中心在介入台风灾害的防御、救灾和重建过程中，创造性地使用了这些经典的工作方法。

个案工作是社会工作中最早产生的一种专业方法，是社会工作者在利他主义价值观的指导下，运用科学的专业知识和技巧，以个别化的方式为感受到困难的个人及家庭提供物质和心理方面的支持，以帮助个人和家庭减低压力、解决问题、挖掘潜能，不断提高个人、家庭和社会的生活质量与福利水平的一种社会工作方法。[①] 在台风防御和灾害重建的过程中，社会工作者对欠缺防御台风意识和知识的个人和家庭普及防台知识，帮助因台致困的家庭走出困境，增强能力。

小组工作以两个或两个以上的个人组成的小组为工作对象，它主要由社会工作者通过有目的的小组活动和组员间的互动，帮助小组成员共同参与集体活动，从中获得小组经验，处理人与人之间、人与环境之间的问题，开发个人潜能，从而获得个人成长。[②] 在台风灾害之后，遭遇困境的个人和家庭往往难以走出阴影，社会工作者组织这些居民成立成长小组，引导组员分享经历、共同思考、团结协作、发挥潜能。

社区工作以社区居民和社区为服务对象，运用集体行动的方法，鼓励居民互助、自主和自决，提升居民的各种能力，其主要目标是满足社区需要，解决社区问题，提升社区成员的归属感和认同感，促进社区整合，改善社区生活质量，实现社会公正。[③]

第二节　我国的防灾减灾救灾体系与国际经验

一　我国的防灾减灾救灾体系

长期以来，我国已经形成了以政府为主导的防灾减灾救灾体系，不断完善防灾减灾救灾体制机制法制，着力加强防灾减灾救灾的基础设施、人员装备和基础能力建设。根据《国家自然灾害救助应急预案》，我国的自然灾害救助工作的原则是政府主导、社会互助、群众自救，充分发挥基层群众自治组织和公益性社会组织的作用。

---

① 王思斌主编：《社会工作概论》，社会科学文献出版社 2004 年版，第 7 页。

② 同上。

③ 夏建中主编：《社区工作》，中国人民大学出版社 2015 年版，第 6 页。

（一）政府防灾减灾救灾体系

国务院设立国家减灾委员会，从整体上部署减灾工作，指导地方推进国际交流与合作。其下又设国家减灾委员会专家委员会，为我国的减灾工作提供政策咨询、理论指导、技术支持和科学研究。民政部设有民政部国家减灾中心，为政府减灾救灾工作提供信息服务、技术支持和决策咨询。地方政府设立了各省、市减灾委员会，负责组织地方自然灾害救助工作。

除了机构设置之外，自1998年，我国先后出台了《中华人民共和国防震减灾法》《军队参加抢险救灾条例》《中华人民共和国突发事件应对法》《自然灾害救助条例》《突发事件应急预案管理办法》《救灾物资回收管理暂行办法》《中华人民共和国慈善法》等一系列防灾减灾救灾的法律法规。这些法律法规逐步完善着防灾减灾救灾体制机制法制，规范了防灾减灾救灾行动。

（二）社会防灾减灾救灾力量

在政府的防灾减灾救灾体系之外，社会力量也参与自然灾害的救助工作之中。在灾害发生之后，不少社会组织和志愿者等通过募集物资、亲临灾区等形式参与救援；在灾后重建阶段，社会组织与志愿者也参与其中。在2008年汶川地震发生后，社会工作专业服务在灾害救助和灾害恢复重建的过程中发挥了巨大作用，2008年被称为“社会工作元年”。

近年来，社会工作者参与到汶川地震、玉树地震、舟曲山洪泥石流、芦山地震等自然灾害的救助活动中。在救灾活动中，社会工作者调适受灾群众心理情绪、恢复灾区社会功能、重建灾区社会关系，切实解决了灾害带来的一些社会问题。

广东省积极引导社会力量，尤其是社会工作者参与到防灾减灾救灾工作中，同时在全国率先出台《广东省社会力量参与救灾促进条例》等一系列文件。各地成立减灾救灾联合会、灾害社工服务队和减灾救灾志愿者服务队，积极开展救灾捐赠活动，引导社会力量参与灾害应急救助、灾民心理抚慰、灾后重建等工作，防灾减灾救灾工作取得显著成效，据《广东省综合防灾减灾规划（2017—2020年）》显示，与“十一五”时期相比，“十二五”期间，受灾人口、因灾死亡失踪人口、紧急转移安置人口、倒塌房屋数量分别下降42%、41%、29%、73%。

（三）市场防灾减灾救灾力量

市场防灾减灾救灾力量主要指的是保险。保险是市场经济条件下风险管理的基本手段之一。保险在防灾减灾救灾中发挥应有的作用，并可以使政府和市场互为补充。《国家防震减灾规划（2006—2020年）》指出，要“积极推进适合我国国情的地震保险制度建设”，“建立以财政投入为主体，社会捐赠和地震保险相结合的多渠道投入机制”。[①] 在“天鸽”侵袭中山之后，一名女子骑车途中被一棵倒下的大树砸中，除政府、社会组织进行援助之外，其投保的保险公司在事故发生后也迅速行动，为其开通绿色通道进行理赔，很好地缓解了救灾的财政压力。

但是，由于我国尚未出台巨大灾害（简称“巨灾”）保险法律法规，《保险法》中亦没有关于巨灾保险的具体规定，因此，保险公司对自然灾害，尤其是巨灾抱有十分谨慎的态度，巨灾在大多数保险中属于除外责任和免责条款一类。保险和市场在防灾减灾救灾中的作用远远弱于政府和社会力量，还没有发挥出其应有的作用。

二　灾害社会工作的国际经验

本书注重分析社区三防能力建设服务中心在防台与台风救援中所发挥的职能。社区三防能力建设服务中心是以中国最小的行政单

---

① 《国家防震减灾规划（2006—2020年）》发布，http://www.china.com.cn/news/txt/2007-10/31/content_9154562.html。

位——社区为服务范围的、具有相对专业的预防与救援作用的政府职能类机构。笔者认为，在进行本次研究的分析与结论梳理前，有必要对防灾减灾救灾体系、社会工作介入灾害救援与管理等方面的国际经验进行梳理，以此对本次研究提供有益的启示。

国际上很多灾难频发的国家和地区，在灾害应对、灾害管理等方面积极探索，并建立了较为完善的制度和政策体系，许多国家和地区都将社会工作作为灾害应对、灾害管理和恢复重建的重要力量。从社会工作特别是灾害社会工作的角度来看，目前发展得较为完善的是美国和日本。

（一）日本防灾减灾救灾体系

1. 现状特点

（1）相对完善的法律体系，保障性较强。

日本的防灾减灾法律体系是一个以《灾害对策基本法》为龙头的相当庞大的体系，按照日本《防灾白皮书》的分类，这一体系共由52项法律构成[①]，包括基本法和与防灾、灾害应急对策、灾后恢复重建及财政金融措施、防灾机构设置等主题。

（2）组织体系相对健全，规划多元并进。

在有关法律的保障下，日本分别设置中央级和地方级的防灾减灾工作决策机构，具体成员根据机构级别、灾害类型、灾害紧急程度等不同情况分别由政府、学者组成，并制度化地召开联席会议，保障有效沟通和应对危机。从政府对防灾减灾工作的职能机构的人员配备来看，更好地说明防灾减灾工作在日本政府中的地位及功能逐步加强的良好势头。

（3）规划与政府投入，双管齐下。

体制的分权化和多元化程度较高是日本防灾减灾体系的特点之一。《防灾基本规划》是日本防灾领域的最高层次规划，其他有关部

① 林家彬：《日本防灾减灾体系考察报告》，《城市发展研究》2002年第3期。

门、指定公共机构和地方政府都要以此为准规定防灾减灾行动原则，规划各区域的文件及政策。在政府资金投入方面，日本的防灾减灾领域的政府资金投入分为科技研究、灾害预防、国土整治、灾后恢复重建四个投入项目，并且分散投入于有关政府部门，投入的力度呈逐年上升趋势。

（4）市场与社会力量兼顾，成效凸显。

以政府为主体开展丰富的制度化活动的具体形式，通常包括；（一）培养民众的防灾意识和正确知识；（二）调动市场力量共同完善防灾减灾体系；（三）设置宣传活动日、宣传进学校和社区、开展防灾训练。同时，依托气象厅等有关政府职能部门铺设庞大的检测网络、联合商业公司印制《东京防灾全书》、研发“安全贴士”APP、帮助设计低成本的抗震掩体等方法，在防灾减灾救灾的各个环节上有效增强社会技能、营造社会氛围以及降低灾害风险。

2. 灾害社会工作的介入

日本社会福利学界把社会工作界定为以国家为责任主体，通过政府和民间非营利组织向社会弱势群体提供的非营利性、组织化、科学化、专门化的社会服务（包括服务活动本身和指导这种活动的理念、政策、制度以及相关技术、知识）。在第二次世界大战特别是20世纪中后期，社会工作在日本已经成为广义的社会福利的一部分和其中一个发展阶段。[①]

（1）表现特点。

各种真实的灾害经历、社会抗争运动和政策参与行动，不断推进日本对于灾害预防及灾害救济系统的建设。研究发现，日本的灾害社会工作主要是在灾区进行的社会工作，而不是专指灾害社会工作。

（2）发展方式。

以组织化单位成员身份为标签的社会工作者在参与预防和救灾工作中，发挥的主要功能是：以个人援助和以区域社会相结合。具

---

① 蔡麟：《日本的“Social Work”》，《同济大学学报》2003年第8期。

体而言，调度支援、与专业救援力量协作、再建新社区、发现和调动社区居民需求，这都是社会工作者的工作领域。

（二）美国防灾减灾救灾体系

1. 现状特点

与日本相比，美国灾害发生的时间频度和空间密度相对较低。1950 年以前，美国的防灾减灾措施主要围绕灾害预警、灾害援助以及减灾工程而展开，对灾害的防治起到积极作用，却无法从根本上提高防灾减灾的能力，往往陷入“灾害—救援重建—工程防治—灾害”的怪圈。[①] 1950 年以后，美国开始将城市规划以及土地利用政策作为城市防灾减灾手段。[②]

（1）集中式制度化保障。

美国在制度上把防灾减灾作为政府的一项日常任务确定下来，并统筹安排政府主体和私人部门的减灾责任。美国联邦政府危机管理厅，是集防灾减灾工作、国家安全类突发事件、消防事务等专业职能于一身的庞大机构。同时，立法机关制订了一部囊括所有政府部门在应急处理时需要应对的原则和方案——《联邦应急计划》。

（2）法律相对完备，规则追求精细。

美国防灾减灾的法律体系比较完备，地质灾害防治“规划软措施”在法律法规中不断得到强化，在《减灾法案》中规定了灾前减灾的实施细则以及防灾减灾规划的编制方法，立法机关有效保证实施主体、政策路径、有效评估和实时更新等重要内容。

（3）信息化建设是防灾减灾救灾工作的加速器。

---

① 张洋、吕斌、张纯：《可持续城市防灾减灾与城市规划——概念与国际经验》，科学出版社 2012 年版。

② 韦仕、杨杨、栾乔林等：《美国地质灾害防治的经验总结及启示——灾害防治的“规划软措施”》，《灾害学》2014 年第 29 卷第 3 期。

在运用规划制度减少灾害可能带来的损失、运用保险制度分散灾害风险方面，美国的防灾减灾救灾可谓具有自身的特色。如在预防和应对洪水灾害方面，美国联邦政府危机管理厅制作的洪水风险图覆盖全国，与地方政府一道限制洪水危险区域内的建筑物建设，尽量减少可能的损失；同时，还建立洪水保险制度，保费金额依所在地区的洪水危险度而定。[①] 通过共享大型数据库信息，为防灾规划提供有效的技术支持。

2. 灾害社会工作的介入

（1）表现特点。

美国现行的联邦应灾部门是联邦紧急事务管理署。联邦紧急事务管理署下设减灾部、准备部、响应部和恢复部四个职能部门。全美社会工作者协会（NASW）在1996年度的代表大会上通过了沿用至今的灾难政策：“在灾难发生之后，NASW为受灾个体和社区的政策和项目提供支持和倡议。”[②]

（2）发展方式。

美国联邦政府危机管理厅等有关部门规定，社会工作者参与灾害应对工作成为美国联邦政府危机管理方式之一。[③] 社会工作者可以发挥不同于其他专业受灾人士的作用，如心理辅导者、危机管理者、资源链接者（服务倡导者）、社区组织者和研究者等，但美国社工协会认为社会工作者在灾害应对、灾害管理和恢复重建等方面的能力遭到弱化。究其原因，身份展示、媒体曝光、有效识别和集体影响力等是较为明显的限制因素。

---

① 林家彬：《日本防灾减灾体系考察报告》，《城市发展研究》2002年第3期。

② 中华人民共和国民政部网：http：//www.mca.gov.cn/article/yw/shgzyzyfw/tszs/201408/201408006788869.shtml。

③ 徐雯：《美国灾害应对及社会工作介入》，《大视野》2010年第12期。

第三节 灾害社会工作介入X镇台风防御救灾

广东省是我国自然灾害频发的省份之一，平均每年发生近30次严重的自然灾害，其中气象灾害占80%以上，台风、暴雨、干旱等自然灾害及其产生的次生灾害连年不断。[①] 由于广东省是经济、人口大省，社会经济发展活跃，城市化水平高，各种灾害带来的威胁和损失更大，城市高风险、农村不设防的状况愈加明显，因此，防灾减灾救灾工作尤为重要。

一 X镇灾害社会工作介入前的台风防御救灾情况

中山市位于广东省中南部，经济总量连续多年居广东省第5位，下辖1个国家级火炬高技术产业开发区，5个街道办事处，18个镇。作者所在的X镇地势平坦低洼，河网交错，自然水利条件较差，且受台风侵袭频繁，特别是台风引发的风暴潮造成海堤的漫顶和暴雨造成的内涝灾害就十分严重。

X镇向来重视台风防灾减灾救灾工作。中山市政府发布的《中山市气象灾害防御规定》是指导气象灾害防御活动的文件，明确了气象灾害防御应遵循以人为本、科学防御、统筹规划、社会参与的原则，实行政府主导、部门联动、分级负责的工作机制。[②] 在此规定的指导下，X镇构建了台风防灾救灾减灾体系，区党委和政府办公室向社会宣传台风防御法律法规和科普知识，既加强气象科普场馆

---

① 邓小翔：《广东省自然灾害应急管理研究》，硕士学位论文，华南农业大学，2010年。

② 《中山市人民政府关于印发〈中山市气象灾害防御规定〉的通知》，http://www.zs.gov.cn/main/zwgk/newsview/index.action? id=315495。

和设施的建设，又提高社会公众防灾减灾意识和能力；气象主管机构负责台风天气的监测、预报、预警等气象灾害防御的管理、服务和监督工作；公安、民政、水务、农业、卫生计生、电力、通信等部门按照职责分工协作；学校把台风防御知识纳入教育内容，党政机关、企事业单位把台风防御知识纳入培训课程。

以政府为主体的台风防灾减灾救灾工作取得了一定的成效，但是也存在一些问题。第一，政府各部门除台风防御工作之外，还有繁多的日常事务需要处理，因此人员和时间有限；第二，中山市X镇聚集着众多流动人口，他们未被政府统计在案，在台风灾害中，他们受到的损失比较大，且不容易被发现；第三，在预防台风灾害的工作中，由于政府在时间、人力、物力、财力等方面的限制，难以把台风防御知识普及到每一位居民；第四，在台风救援以及灾后重建的过程中，政府的工作往往是进行资金援助，这暂时缓解了受灾群众的经济压力，但并没有从根本上提升其防灾能力。因此，台风防灾减灾救灾工作体系需要社会力量的加入。在这样的背景下，社区三防能力建设服务中心应运而生。

二　社区三防能力建设服务中心职能

2015年，中山市在政府工作报告中提出“建立社会力量参与防灾减灾机制”。如何引入社会力量建立一个高效能的防灾减灾救灾体制就成为一个突出的问题。众所周知，台风给居民造成巨大的人身伤亡和财产损失，而社区是居民生活于其中的区域共同体，因此，台风防灾救灾减灾工作想要落到实处，最好的路径是与社区相结合。在社区内开展防灾减灾宣传，提升居民的防灾减灾意识，培养居民应对台风自然灾害的能力。每个社区内的居民有限，社区组织对本社区居民的了解相对较多，因此，在社区内开展救灾工作会更有针对性，也更加有效。

基于社区在防灾减灾救灾中的优势，X镇在党工委、管委会以及三防指挥部成员单位（党政办、应急办、水利所等）的关心和推动下，在X镇下辖的7个社区中成立了社区三防能力建设服务中心（以下简称“社区三防服务中心”），由社区居委会的三防工作组的副书记担任中心主任，统筹负责社区三防服务中心工作，其中一项重要工作就是台风防灾减灾救灾工作。社区三防服务中心的人员构成有三个部分，一是社区工作人员，二是社会工作者，三是志愿者。社区工作人员主要指的是社区居委会的工作人员，负责领导、指挥本社区三防工作。在X镇的每个社区中，都有派驻的社工，他们或通过项目方式，或通过岗位社工方式，为社区居民和社区建设提供服务。X镇的每个社区都有自己的志愿者队伍，其成员大多是该社区的热心人士，他们来自不同的岗位，从事着不同的工作，他们有能力、有时间为社区服务。

社区三防服务中心在X镇三防指挥部的领导下，负责组织和指挥本社区的台风防御工作；负责编制、完善本社区三防预案和相关减灾避灾台账；配合宣传普及防灾减灾知识，举办主题宣传活动；在三防指挥部的指导下，清除河道、河涌范围内阻碍行洪的障碍物，组织社区建立三防抢险队；及时将雨情、风情通知给社区居民，组织居民做好防御及抢险准备；动员和组织社区居民投入防台风、暴雨工作，做好危险地带人员转移工作；督促开放社区中的临时庇护场所，保障入住人员安全和基本生活必需；组织灾后恢复重建。

三　社区三防能力建设服务中心介入台风防御及救灾工作

自然灾害的应对工作包括灾害发生前的预防、灾害发生时的救援以及灾害发生后的重建。传统的防灾救灾减灾工作往往对灾害发生前的预防工作不够重视，导致灾害造成严重的损失。灾害的预防工作涉及防灾减灾宣传教育、应急演练、获取灾害信息能力的提升、安全保障设施的建立和防灾物资的准备、灾害防御规划的制定和普及等。灾害发生时的救援工作包括灾害检测、预报和预警，转移受灾群众，抢救受伤人员，保障群众的安全和生活必需，抢修损坏的基础设施等。传统的灾后重建工作主要集中于帮助受灾群众建立生活设施，给予他们物质帮助，而忽视了抚慰他们的精神，提升他们的生活能力和培养防灾减灾救灾意识与能力，也未能关注灾后的社区重建。社区三防服务中心成立之后，从预防、救援以及重建三个层面入手，更加全面地开展防灾减灾救灾工作，把灾害造成的损失尽力减到最小，灾害发生时更加及时、高效地救援，灾后重建中不仅涉及物质帮扶，更加重视受灾社区的重建以及受灾群众心灵的重建和能力的提升。

（一）灾害发生前的预防工作

灾害预防工作质量的好坏直接关系到灾害造成损失的严重与否。随着对灾害预防工作的重视程度的加深，以及预防体系的建设，目前自然灾害所造成的损失正在逐渐减小。X 镇的社区三防服务中心自成立之后，就开始开展台风灾害预防工作。

2015 年中山市政府发布《中山市气象灾害防御规定》，对气象灾害的监测、预防、预警、应急处置以及法律责任等工作作了规定。社区三防服务中心认真执行该规定，把台风防灾减灾救灾工作落实到个人，并且对该规定进行了宣传普及，让社区居民了解气象灾害防御工作的机制。此外，服务中心还为本社区编制了《社区应急预案》，确保灾害来临时，最大限度地减少人员伤亡和财产损失。

在日常工作中，社区三防服务中心通过居民防灾减灾知识宣传与培训、应急实战演练等多项措施进行防灾减灾宣传教育，夯实社区防灾减灾基础，提升基层综合减灾能力。X 镇的 7 个社区中既有城市社区，也有农村社区，城市社区中聚集了大量流动人口，农村社区中既有农民也有渔民。各社区三防服务中心针对不同社区的特点采取了不同的宣传教育手段。在聚集了大量流动人口的 A 社区，服务中心将流动人口登记在册，在分发防灾减灾知识手册时不遗漏任何一户。流动人口的社区融入程度较差，但是他们与社区中的社工交往相对较多，因此在防灾减灾宣传工作中，由社工与他们建立联系，宣传教育效果更好。在农村社区，三防服务中心的宣传教育工作主要是提升农民和渔民的防灾减灾意识，普及防灾减灾知识，三防服务中心的社会工作者在农民和渔民的闲暇时间进行宣传，有效地提升了农民和渔民的减灾防灾能力。

社区三防服务中心还组建灾害排查工作队，查找社区老年人、小孩、孕妇、重大疾病患者、伤残人员等弱势群体的具体位置，建立弱势群体“明白卡”，制定“一对一”帮扶措施，帮助他们解决生活中的困难。汛期时，每月定期收到台风暴雨白色预警信号时对辖区各低洼地区、山边房屋、简易工棚、学校等隐患场所进行灾害风险排查，建立隐患台账，对存在安全隐患的场所，明确社区易发灾害种类、时间、特征和主要危害，制订治理方案和时间表。根据排查出的隐患，绘制了社区灾害风险示意图和社区应急疏散路线图，悬挂于人流密集地区，使辖区居民都能及时了解灾害风险情况和掌握疏散路线。

社区三防服务中心在社区范围内充分利用辖区绿地、广场，划定社区避难场所，设置明显的安全标识和指示牌，并在三防办的协助下设置了社区三防物资储备中心，配有麻包袋、铁铲、灭火器、棉被、强光照明灯等应急救灾物资装备，第一时间开展应急和救助工作。

（二）台风灾害的应急救援

在台风灾害即将发生之时，应急预案启动，水利、住建、公安（消防）、电力、自来水、医院等部门通力协作，防御台风。社区是居民生活的共同体，是社会连接居民的最小单元，应急救援最根本的工作是落实到社区。社区三防服务中心是在台风灾害的应急救援中联系群众的机构。

在气象部门发布了第13号台风“天鸽”的信息之后，社区三防服务中心根据市气象局发布的应急预警，按照三防办、水利所的指示开展台风灾害应急救援工作。

各社区三防服务中心以微信、短信的形式，向本社区居民发布台风信息，在社区宣传栏张贴台风预警信息、台风的基本情况以及注意事项，提醒居民采取防御措施，确保防台风信息覆盖到每一个人。

社区三防服务中心协助做好受台风或因台风带来暴雨、风暴潮及山洪地质灾害威胁的区域内群众的安全避险转移工作。三防服务中心提醒居民找到临时庇护场所、救助管理站的地点，督促居民自主转移。三防服务中心排查本社区被困人员，及时通知专业力量组织帮助转移。“天鸽”来袭之后，社区三防服务中心在排除中发现 C 社区一工厂临时宿舍中有 20 多名工人不愿自行离开，工作人员及时报告公安部门将其强制带离；D 社区有 30 名村民想进入一学校避险被门卫阻拦，工作人员立即通知三防指挥部，三防指挥部总指挥长亲自致电该学校校长要求无条件配合，而后成功将 30 名村民转移到学校的安全地带；F 社区被困的村民中有一名老人，他独自在家，子女均在外地工作，因为岁数大，行动不便，无法及时转移，在排查过程中，社区三防服务中心的社会工作者首先发现了这位未能及时转移的老人。

救灾物资的高效分配同样得益于社区三防服务中心。三防服务中心的社会工作者和志愿者及时记录受灾情况、转移人员，为物资的分配提供信息，保证救灾物资快速调拨。三防服务中心的社工和志愿者还在人流密集地开展流动救助工作。由于全市公交车全面停运，X 镇某客运站滞留了一些乘客，三防服务中心工作人员协助公交集团的工作人员耐心地向乘客做解释工作，并引导他们到站内候车室休息。社区三防服务中心的志愿者为滞留乘客送来饮用水、食品等物资，满足了乘客的基本生活需求。在救援过程中还发现一些流浪露宿人群，在公安和民政部门的配合下，志愿者及时将流浪人员带到临时庇护场所。社区三防服务中心的工作人员还关注到了应急救援人员的用餐需求，为他们及时供应食物和饮用水。

对于抢救受伤人员、抢修损坏的基础设施等工作，社区三防服务中心同样发挥其覆盖面广的优势，及时为受伤人员联系医护人员，及时通知市政、电力、消防、公安、交通等部门迅速疏通下水道、清理倒地树木、清理路面积水、修复受损的市政设施。“天鸽”来袭之后，多个路段因为树木大量倒下导致道路受阻，车辆被困，三防服务中心及时通知交警、住建局等部门清理道路，解救被困人员车辆，在路上帮助遇险群众推车，协助环卫和交通部门清理主干道路上的断枝残叶。

（三）灾后重建

台风灾害发生之后，灾害重建工作主要指的是恢复居民的正常生活，具体工作主要包括恢复重建基础设施、生活设施，给予灾民物质援助，修复他们的精神创伤，还要进行社区建设，重建居民的社会关系，为受灾群众增能。

社区三防服务中心的志愿者参与了基础设施和生活设施的恢复重建工作。受“天鸽”侵袭，X 镇 C 社区几条主要干道绿化带中的树木倒下，造成 C 社区居民出入不便。由于全市工作量大，交警、住建等部门未能及时清理。中心的志愿者们同 C 社区居民自行修整树木，清理路面，极大地提高了工作效率。D 社区一处的电缆损坏，在电力部门工作的志愿者联系到了维修人员，使得电力得以较快恢复。

社区三防服务中心的工作人员也加入到了物质援助的队伍中。三防服务中心号召社区居民为因台风受伤或死亡人员的家庭捐款，帮助他们渡过难关。除了物质援助之外，社区三防服务中心也关注居民的心理和精神状况。社会工作者进入医院，深入受伤居民的家庭，安抚受伤的居民，了解他们的生活状况和困难，对他们以及他们的家庭进行心理建设。社会工作者通过个案工作方法有针对性地帮助受灾群众个体和他们的家庭。通过小组工作方法帮助受灾群众走出台风阴影，提升他们的社会适应能力。B 社区的一户流动人口家庭中，父亲在台风中脚被砸断，并且无固定职业，该家庭一度陷入困难。三防服务中心的社会工作者不仅为他们送去了物资，还在了解父亲的职业技能后通过职业介绍中心帮助其找到了一份固定工作，鼓励他们走出困境。当了解了该户家庭户籍在四川，两年前来到中山，对台风灾害的了解以及防御能力都比较缺乏时，社会工作者还为他们进行了防灾培训，并且希望他们能够参与社区的日常应急演习之中。

“天鸽”侵袭之后，一些社区和村落受到比较大的破坏，居民之间产生了一些矛盾。在流动人口所占比例较大的社区，流动人口的社区归属感和社区意识比较弱，这种状况严重削弱了他们对台风灾害的防御。在台风侵袭时，居民的自救和互救尤为重要。在社区意识较强的社区，互救完成得较好。社区三防服务中心通过社区工作方法重建社区。一方面，他们深入受灾严重的社区中，恢复社区功能，通过组织文体活动、志愿活动等，帮助居民建立社会关系。另一方面，社区三防服务中心还组织“邻居节”等活动，帮助社区居民建立归属感和社区意识，在活动过程中，尤其注重鼓励流动人口参与其中。这些做法都有利于社区发展，可以与居民一起重建一个具有较强社区意识的新社区。

第四节　社区三防能力建设服务中心介入台风防御救灾的案例与分析

一　案例1：提升台风防御能力 共建美好和谐社区——流动人口社区台风防御演练系列活动

（一）案例背景介绍

中山市X镇近三分之二的常住人口是流动人口，而C社区的流动人口占常住人口的四分之三以上，这些流动人口大多来自四川、湖南等内陆省份，与本地居民相比，他们更加缺乏防御台风的意识和知识。因此，在遭遇台风灾害时，他们常常成为遭受损失较大的群体。

在台风防御的过程中，社区内、邻里间居民的互帮互助非常重要，社区居民能够互相传达信息，互相督促采取防御措施，在转移时互相帮助，这样可以极大地提高防御台风的功效，把台风带来的损失降到最小。但是，流动人口由于难以融入社区，对社区的归属感较差，因此，在遇到台风灾害时，他们常常难以通过社区居民间的相互协作获得帮助。

（二）案例分析

一个良好的社区表现在居民对社区活动的广泛参与，居民对社区有强烈的归属感和社区意识，而流动人口社区由于其居民类型的复杂性和特殊性，导致居民社区意识淡薄，社区居民的归属感也较差。因此，对于流动人口社区而言，不仅要提升居民台风防御意识和能力，更重要的是提升居民的社区参与、社区归属感和社区意识。

社区发展和社会策划是社区工作的两种重要方法。社区发展理论认为只有通过互助合作，建立和谐的社区关系，增强居民的归属感，才能解决社会问题。[①] 其中，社区服务规划在社会策划中涉及最多，应用最广。社区社会工作本身就是根据社区的需要，针对社区问题，组织社区居民，动员各方资源，设计并提供社会服务的专业与实践。[②] 因此，社会工作者可以使用社区发展和社会策划的方法，在社区中开展一系列提升居民防御台风意识和能力的活动，引导居民参与，培养居民对社区的归属感和社区意识。

（三）服务计划

1. 服务目标

C社区聚集了大量流动人口，他们缺乏台风防御的意识和知识，

---

① 夏建中主编：《社区工作》，中国人民大学出版社2015年版，第6页。

② 同上。

通过社会工作者的介入，提高他们防御台风的意识、增强他们的应急能力、填补他们台风防御的知识，确保灾害来临时他们不仅可以进行有效的自救，还能够在保障自己安全的前提下，给予他人帮助，尽可能减少灾害所带来的损失。

社会工作者介入C社区还要改善流动人口的人际关系，提高他们的社区意识，增强他们的自信心，在社区内营造互助协作的氛围。

本次参加人数达到200人次，绝大多数是该社区中的流动人口，其余是该社区的户籍人口。

2. 服务策略

运用地区发展和地区策划的社区社会工作服务综合模式。首先，社区三防服务中心工作者让C社区人民明白台风防御以及互相救助的重要意义；其次，社会工作者采用个案、小组等社会工作方法与部分家庭及成员进行交流访谈和台风防御演练；再次，三防服务中心志愿者和社会工作者调动C社区防御台风的积极性，整合C社区对系列活动有用的所有资源，使其参与到台风防御演练的社区行动中来；最后，开展C社区流动人口社区台风防御演练系列活动并进行评估与分析。

3. 服务程序

现将社会工作服务安排用表4—1表示：

表4—1　　　　服务工作安排

幕	内容	日期	时间	地点
1	台风防御演练系列活动准备会议	2017年11月1日	9:00—12:00	C社区会议室
2	防台知识培训暨社会工作知识讲座	2017年11月11日	15:00—17:00	C社区文化广场
3	第一次家庭防台风演练	2017年11月18日	9:30—11:00	C社区流动人口居民家中
4	第二次家庭防台风演练	2017年11月25日	15:00—16:30	C社区流动人口居民家中
5	转移安置演练	2017年11月26日	9:30—11:30	C社区文化广场

4. 服务计划实施过程

（1）台风防御演练系列活动准备会议。

时间：2017 年 11 月 1 日 9：00—12：00；地点：C 社区会议室；参加人员：X 镇三防指挥部专家、X 镇三防指挥部工作人员、C 社区三防能力建设服务中心社工、社区志愿者等 20 余人。

在这次会议中，三防指挥部专家提出系列活动的内容以及总体目标的建议。社会工作者对如何整合社区的资源以及如何使用地区发展模式提出自己的意见。社区志愿者根据系列活动的要求制作并张贴活动所需的宣传资料，在社区服务中心、超市门口、主要道路的宣传栏中张贴宣传海报，鼓励他们参加台风防御演练活动。利用社区的日常活动时间进行宣传，倡导流动人口的参与。

（2）防台知识培训暨社会工作知识讲座。

时间：2017 年 11 月 11 日 15：00—17：00；地点：C 社区文化广场；参加人员：市减灾委员会专家、X 镇三防指挥部工作人员、C 社区三防能力建设服务中心社工、社区志愿者、社区居民等 150 余人。

目标

让 C 社区居民积极参与到社区活动中，了解台风防御知识；提高社区居民对社区三防能力建设服务中心的认识以及增加对社会工作的初步理解。

具体议程

首先，由 C 社区三防能力建设服务中心社工介绍此次讲座的基本情况；其次，三防指挥部专家从不同的方面介绍台风的危害、防御台风的措施、伤口包扎以及急救措施等；再次，在广场向居民发放防台知识手册，用浅显易懂的文字和动画向流动人口宣传防御台风的知识；最后，社区三防能力建设服务中心社工进行社会工作相关知识介绍，并且与社区居民进行互动交流。

效果评估

第一，社区居民了解了 C 社区所主办的系列活动的意义、目的。

第二，对防御台风有了更深的了解。

第三，社区居民与社区三防能力建设服务中心有了更密切的联系，对社会工作有了更深刻的认识。

（3）第一次家庭防台演练。

时间：2017年11月18日9:30—11:00；地点：C社区流动人口居民家中；参加人员：C社区三防能力建设服务中心社工、社区志愿者、社区居民等。

目标

提升C社区流动人口居民的防台意识以及互助能力，使其掌握科学的防台知识和应急技能。

实施过程

三防服务中心的社会工作者和志愿者们进入流动人口家中，帮助他们进行防御台风演练。具体包括：第一，帮助流动人口准备应急物品包；第二，引导他们及时通过各种方式了解台风的动向和政府的防台行动对策；第三，指导他们关紧门窗，并在玻璃上用胶带贴成“米”字图形，以防玻璃破碎；第四，引导他们将阳台上的花盆等搬至安全地点以及检查电路、炉火、煤气等设施是否安全等；第五，进行活动后的效果交流，让该家庭成员逐一发表感受，由三防能力建设服务中心社工进行反馈。

效果评估

第一，该家庭积极配合，充分意识到防台风演练的重要性。

第二，可以带动其他流动人口的积极性，第二次家庭防台演练多个家庭都主动报名参加。

第三，整个社区防台的氛围更浓了。

（4）第二次家庭防台演练。

时间：2017年11月25日15:00—16:30；地点：C社区流动人口居民家中；参加人员：C社区三防能力建设服务中心社工、社区志愿者、社区居民等。

目标

进一步提升C社区流动人口居民的预防意识以及互助能力，促使其掌握科学的防台知识和应急技能。

实施过程

三防服务中心的社会工作者和志愿者们进入到流动人口家中，帮助他们进行防御台风演练。具体包括：第一，帮助流动人口准备应急物品包；第二，引导他们及时通过各种方式了解台风的动向和政府的防台风行动对策；第三，指导他们关紧门窗，并在玻璃上用胶带贴成“米”字图形，防止玻璃破碎；第四，引导他们将阳台花盆等搬至安全地点以及检查电路、炉火、煤气等设施是否安全等；第五，进行活动后的效果交流，让每位家庭成员谈出自己的感受，三防能力建设服务中心社工进行反馈并总结。

效果评估

第一，使社区居民充分意识到防台风演练的重要性。

第二，在居民参与度方面，明显感受到第二次比第一次积极性更高，社区居民感慨要多举办这类型的活动。

（5）转移安置演练。

时间：2017 年 11 月 26 日 9∶30—11∶30；地点：C 社区文化广场；参加人员：C 社区三防能力建设服务中心社工、社区志愿者、社区居民等。

目标

了解当台风对社区预计造成严重影响时的紧急转移路线，并引导他们在演练过程中互帮互助，使社区形成互帮互助的浓厚气氛。

实施过程

模拟重要台风来临时，社会工作者组织流动人口进行紧急转移演练的训练。向流动人口宣传安置点的位置，并帮助他们规划转移路线。引导流动人口在安全转移的同时，帮助其他人进行转移，如帮助老人、病人、儿童等进行转移。

效果评估

第一，活动已经进行了 4 次，可以看出参与活动的社区居民明显增多。

第二，参与活动社区居民比活动前更加了解彼此，互助互爱的理念基本形成。

5. 评估

本次活动的内容与目标相符，依据社会策划和社区发展方法，针对社区中流动人口缺乏防御台风的知识，以及社会融入程度较低的情况，社工组织了一系列活动。这些活动在一定程度上提高了流动人口的台风防御意识和抵御能力，同时，通过活动中的互帮互助，居民普遍感受到了“一个社区一家人”。

6. 专业反思

由于社区三防服务中心第一次在社区开展流动人口社区防御台风演练系列活动，无论是社区三防服务中心，还是服务中心的社工在理论、实务与操作上都不太成熟，因此，社区三防服务中心还存在着一些不足，在社区三防服务中心后续活动开展时需要进一步改进和完善。

首先，由于流动人口大多数从事的是非正式的工作，因此他们的休息时间不固定，有些流动人口不能在周末休息，有些没有节假日，因此，在组织演练活动时，难以照顾到所有的流动人口。参加此次活动的流动人口仅仅是社区流动人口的三分之一，因此，还需要采取更加多元化的活动来提高流动人口的防御台风意识和能力。

其次，流动人口的社区融入是一个长期的过程，不是通过一次活动就能够实现的，因此，社会工作者应该编排、组织更多的社区日常活动，帮助流动人口更好地融入社区及提高他们的社区意识。

二 案例2：重树生活信心——因台风致困难家庭的介入

（一）案例背景介绍

老王（父亲），50岁，保安

李阿姨（母亲），45岁，社区失业人员

小王（儿子），17岁，中山市某高中高二学生李阿姨患有糖尿病，并发慢性肾炎，被迫失业在家休养。李阿姨失业后，经社区介绍到某物业公司从事保安工作。社区给他们一家办理了低保，缓解了该户的困难状况。“天鸽”来袭后，老王的腿部不幸受了重伤，因此失去了工作，他对今后的生活完全失去了希望，情绪极度消沉，也不配合治疗。同时，家里也逐渐产生了矛盾：李阿姨在照顾丈夫的过程中受了委屈，无处诉苦，心理压力与日俱增，身体状况也逐渐恶化，因此渐渐开始与婆婆发生了口角，演变成整个家庭的恶性循环。儿子小王原本开朗上进，父亲的病情成了他高考冲刺路上的牵挂，从而影响了学习成绩。

（二）案例分析

该家庭的经济状况本来就拮据，老王腿部受重伤可谓雪上加霜。社会工作者认为最主要的问题在于经济问题，需要社区帮助筹集资金进行救助。老王精神压力太大，不利于病情的恢复，需要整合受助者的社会支持网络系统，包括同事、亲戚、邻里和朋友等提供精神帮助，缓解受助者面临的危机。

关于家庭成员问题，由于李阿姨照顾老王太辛苦，心情压抑，造成婆媳关系紧张，需要家庭关系的重新适应。儿子小王突然受到父亲受重伤的打击，可能产生心理问题，需要进行心理危机治疗。

（三）服务计划

1. 服务目标

第一，服务的总体目标是提升老王家的生活质量，让老王家重拾积极向上的人生态度，在社区三防服务中心社工的帮助下，老王家获得理性生活信念和增强自身发展的能力。

第二，服务的具体目标是为老王争取社会资源，可以拿到足够的治疗腿部的资金；改善李阿姨与老王母亲的紧张关系，形成和谐的家庭内部关系；解决小王心理打击问题，联合学校与家庭对小王进行心理辅导。

2. 服务策略

笔者认为，依据优势视角，在该家庭的危机背后存在一些优势。首先，家庭成员的组成是完整的，并且成员之间关系紧密，成员之间可以互相支持；其次，老王仅仅是腿部受伤，通过治疗和康复训练是可以恢复劳动能力的；再次，老王是个责任心强的人，愿意为家庭承担责任；最后，儿子小王在老王受伤之前一直都是积极阳光的，成绩也不错，只要能承担起家庭带给他的压力，他就可以恢复以往的状态。这些都是社会工作者在介入该个案时可以利用和发挥的优势。

增能理论认为，社会工作要帮助服务对象实现自身发展。因此，对该家庭的介入不能仅仅停留在物质和心理救助的层面，更要为该家庭的成员增能，提高他们应对危机的能力。对于老王来说，除了要帮助他恢复治疗、调整心态之外，还要增强其劳动技能；对于李阿姨来说，不仅要对她进行心理援助，还要增强其调节情绪、沟通交流的能力；对于小王来说，一方面对其进行心理疏导，另一方面增强其自我调节、适应环境的能力。

3. 服务程序

第一，通过临时救助、零贫困救助等方式对该户进行医疗救助——募捐，消除救助对象在医疗费用方面的后顾之忧。

第二，社区派出与该户关系较密切的工作人员介入老王的思想工作，此外，与社区的社会组织——“病友康复俱乐部”负责人联系，介绍老王加入该俱乐部，通过开展个案、小组工作，促使老王的情绪向较好的方向发展。

第三，社区派出心理咨询师介入李阿姨的心理疏导。另外，社区妇联就其与婆婆的口角症结进行专门沟通，推荐两人加入社区婆媳志愿服务队，促进彼此的沟通与交流，改善家庭内部成员之间的关系。

第四，建议小王多参加社区活动，缓解其对父亲与家庭的担忧和焦虑情绪，鼓励他成为父亲治疗和康复的监督者和督促者，帮助全家形成支持合力。

第五，为老王的母亲申报居家养老服务，发动社区的志愿者，为该家庭提供全方位的志愿服务。

4. 服务计划实施过程

2017 年 8 月底开始，社区三防能力建设服务中心的社会工作者进入老王的家庭进行服务，服务对象为老王、李阿姨、小王以及老王母亲。

2017 年 8 月 26 日，服务中心的社会工作者走访老王家，通过与老王、李阿姨的交谈，以及社会工作者的观察，他们了解了老王家的成员构成、台风前的生活状况、目前的困境以及期待的改变。

2017 年 8 月 28 日，社会工作者来到老王家，告知老王已经在社工站为其建立档案，专业的社会工作者会协助他们一起解决问题，走出困境，提升能力。社会工作者希望在社区和网络上为老王发起募捐，为其筹集医疗费用，故与老王商量他是否愿意公开自己的信息，得到了老王的肯定答复。社会工作者询问其是否愿意加入社区的“病友康复俱乐部”，与社区中其他有类似困境的居民组成小组，同样得到了肯定的答复。

2017 年 8 月 29 日，社会工作者又一次来到老王家，通过交谈解开李阿姨的心结，帮助她树立走出困境的信心。询问其是否愿意加入社区婆媳志愿服务队。

2017 年 8 月 30 日，社会工作者在社区和网络上为老王发起募捐，为其筹集医疗费用。社会工作者来到老王家中告知其这一信息，并且带领李阿姨加入婆媳志愿服务队，为其介绍服务队的负责人。社会工作者还见到了老王的母亲，评估了老人的需求，为其制订了服务计划。

2017 年 8 月 31 日，利用小王放学的时间，社会工作者与小王进行了深度交谈，鼓励小王努力学习，帮助其制订学习规划，和他一起树立学习目标、制订学习计划。社会工作者把老王母亲的信息和需求告知社区志愿者队伍，把老王母亲纳入志愿者队伍的服务名单。

2017 年 9 月 1 日，社会工作者和小王的班主任建立了联系，希望能够及时发现小王的学习及心理动态。专业的社会工作者对小王进行心理辅导，帮助其缓解紧张和焦虑的情绪，树立信心。

2017 年 9 月 13 日，经过两周的募捐之后，为老王筹集到 5 万元的捐款，社会工作者把捐款送到老王手中，鼓励老王积极配合治疗，早日康复。

2017 年 9—11 月，社会工作者检测小王的心理状况和学习成绩，在其心理出现波动之时及时与其沟通。同时，社会工作者对李阿姨进行情绪监控，一边开导她，一边安排她来社区进行活动，逐步发展她为社区志愿者，参与社区建设。在社区志愿者为老王母亲提供居家服务，定期为其检查身体，陪其聊天，缓解焦虑情绪的同时，社会工作者鼓励老王母亲走出家门，帮助其养成参加社区内老年人活动的习惯。

2017 年 11 月，在老王的腿基本痊愈的时候，社会工作者带领老王加入社区的“病友康复俱乐部”，通过小组活动以及成员之间的相互交流与支持，帮助其树立生活的信心。

2017 年 12 月，老王的腿伤基本痊愈，社会工作者介绍其参加中山市人力资源和社会保障局组织的技能培训，提高其劳动技能。鼓励老王在社区职介所的帮助下实现再就业。

5. 评估

社会工作者对该家庭的服务符合优势视角和增能理论，充分运用该个案的优势，帮助该家庭解决困境，增强社会功能，达到助人自助的目的。在该案例中，案主的直接问题是医疗费、家人心理危机和情感关系，在介入的过程中，社会工作者积极联系社区内外的各种资源，较好地协助案主发挥其潜能，也在一定程度上增强了案主的能力。

6. 专业反思

这个案例中，社会工作者虽然暂时解决了老王家庭的问题，但是还存在一些其他问题。

第一，老王的腿伤虽然基本痊愈，但是行动能力受到影响，老王已经不能从事过强的体力劳动，对再就业造成了更大的难度，这是社会工作者无法解决的。

第二，虽然已经提高了案主的自我发展能力，但是能力的提高是一个长期的过程，短期的服务难以达到设定的总体目标，这也是社会工作者的一个遗憾。

第三，社会工作介入未能触及社会结构方面的改革，如案主的医保问题等。

第五节　灾害社会工作介入 X 镇台风防御救灾的总结与反思

2008 年灾害社会工作从起步到现在，都是由政府主导的社区三防能力建设服务中心的救援方式。中山市 X 镇防御救援台风中，政府推广运用灾害社会工作行政的理论与实务开展，取得了较好的防御与救援效果。笔者呼吁，加强社会各界对灾害社会工作的关注度，真正体现以人为本与和谐社会发展的理念。

一　社会工作在台风防御救灾中的角色

在台风防灾减灾救灾工作中，社区三防服务中心尤其是社会工作者扮演了多种角色。

（一）受灾人员的支持者

支持者为处于困境中的服务对象提供心理上的支持，表达对服务对象的理解和支持。在灾害发生之后的应急救援阶段和灾害重建过程中，社会工作者扮演着受灾人员的心理支持者的角色。

（二）受灾人员的指导者

社会工作者为居民提供防灾培训，鼓励他们在灾害发生时积极自救，在灾害发生之后，社会工作者针对不同受灾人员的特殊情况，给予他们指导。但是，社会工作者并不替代服务对象的决定与行动，在为服务对象提供建议之后，由服务对象自行决定。

（三）外来资源的链接者

社区自身的资源是有限的，高效救灾的实现离不开外部资源的支持。现实情况往往是社区外部资源的链接者难以发现需求者，而社区内部寻求不到相关资源。因此，社会工作者应利用各类社会组织以及社会网络资源，为社区联结内部和外部的资源，促使社区走出困境。

（四）其他机构的协调者和合作者

当灾害发生之后，行政机关、社会组织、企业进入灾区，容易造成救援的无序和混乱，而社会工作者擅长调动、连接资源和避免资源重复浪费。在社会组织和企业进入灾区之后，社区三防服务中心统计了这些机构的性质、服务领域、服务对象及服务方法，发现服务对象存在重复的现象，一方面造成资源的浪费，另一方面重复干预也可能造成二次伤害。因此，社会工作者协调了这些机构的服务范围，做到不重复干预。

（五）冲突的协调者

台风灾害之后，一些被树木、花盆等砸伤的居民认为导致他们受灾的不是天灾，而是人祸，因此产生了一些冲突。面对居民之间、居民与政府之间的冲突时，社会工作者不能回避和否定，而应积极面对。社工在与受灾居民相处的过程中，他们首先获得了居民的信任，然后他们在居民之间以及居民与政府之间进行协调，成为他们之间沟通的桥梁。

二　社会工作在台风防御救灾中的方法和技巧

社会工作的行动建立在其专业价值观、专业方法和技巧上。在正义、平等、责任、自我实现、自我决定、知情同意、诚信等专业价值观[①]的指导下，社会工作者使用专业的方法和技巧，有效介入台风防御救灾。具体而言，在台风防御救灾中，社区三防服务中心的社会工作者使用的方法和技巧有以下几点：

（一）整合社会资源

灾害发生之后，受灾社区迫切需要取得社会资源的援助，而单凭社会工作者的力量难以满足灾区居民的需求。在评估灾区的需求之后，社区三防服务中心的社会工作者向社会传递信息，联系社区外部的资源。譬如，在了解到一些灾民的家庭生活非常困难时，社会工作者联系社会组织、社会爱心人士，为这些家庭捐款捐物，及时、准确地把资源送到有需要的居民手中；在发现社区的基础设施遭到破坏之后，社会工作者及时联系有关部门的维修人员，尽快恢复基础设施，保证居民的正常生活。

（二）综合个案、小组和社区工作的方法

在台风灾害的防御和救灾过程中，社会工作克服了个案、小组和社区三种方法的分立，综合使用三种方法。在台风预防阶段，社会工作者主要通过社区工作的方法进行社区教育，提升居民防御台风的意识和能力，促进社区意识的形成；同时对特殊的居民及其家庭使用个案和小组工作的方法，帮助他们融入社区。在台风灾害的灾后救助阶段，对于受灾严重的家庭，社会工作者使用个案方法进行介入，帮助这些家庭和个人走出困境，提升能力，使用小组工作

---

① 王思斌主编：《社会工作概论》，社会科学文献出版社2004年版，第7页。

方法，协助困难个体组成能力提升小组，在小组中通过自我管理、自我教育，促进小组成员的共同成长。

（三）提供心理援助

灾难的降临，给灾民的心理造成巨大创伤。虽然灾民在身体和经济上的损失可在一定程度上得到弥补，但是他们心理上的阴影却难以摆脱。帮助灾民树立坚强活下去的信念、走出困境是救灾工作的重要内容。在走访中，社区三防服务中心的社会工作者发现，部分灾民因灾害造成较大的生命财产损失，出现一些创伤后应激障碍，甚至开始对生活丧失信心。根据这一情况，社会工作者运用专业知识和个案、小组、社区工作方法，与灾民建立良好的关系，帮助他们寻找资源，陪伴他们走出困境，帮助他们宣泄情绪，为他们抚慰心灵、疏导压力，使灾民可以重塑生活的希望。

（四）重视居民能力的提升

社会工作的理念是“助人自助”，他们认为不能只帮助灾民渡过一次难关，而是要深入挖掘他们的潜力，帮助他们成长，逐步提高他们防御灾难、解决问题的能力，促成他们自我发展。在灾后重建过程中，三防服务中心的社会工作者帮助居民成立了防台风互助小组，居民在社会工作者的协助下开展活动，了解台风的相关知识、防御台风的各种措施，并组织应急演练。这些活动的开展，一方面提升了居民防御台风的能力，另一方面加强了居民之间的互动，有利于社区意识的形成。

三　提升社会工作在台风防御救灾中效能的建议

由于社区三防服务中心还是个很年轻的组织，灾害社会工作对台风灾害的救援尚处于起步阶段，因此在台风“天鸽”的救援过程中会遇到一些问题。譬如，灾害社会工作并未正式纳入气象灾害救援体系，这导致在救援过程中出现目标混乱和责任不清的局面；居民对社会工作的不了解，导致有人觉得社会工作者无力帮助他们，对社会工作者产生抵触情绪。因此，为了更好地发挥社区三防能力建设服务中心的功能，强化社会工作在台风救援中的作用，尚有许多工作要做。

第一，为社会工作介入防灾减灾救灾体系创造有利的政策环境，把社会工作介入灾害纳入总体性的制度安排。目前以社会工作为代表的社会力量尚未纳入国家防灾减灾救灾制度安排，这导致社会工作等社会力量在参与防灾减灾救灾工作时面临身份尴尬的问题。一方面，政府不重视社会工作的力量，政府的资源也很难被充分发挥；另一方面，社区居民对社会工作知之甚少，难以在短期内建立对社会工作者的信任，这就极大地降低了工作效率。因此，创造更加有利于社会工作者的制度环境，可以解决社会工作身份尴尬的问题，实现物质救灾、心理救灾、政策救灾、服务救灾并举的措施。

第二，社会工作者要挖掘居民的潜力，激活他们自力更生的精神和互助能力，从外部救助到自救与互救相结合。社会工作者要摆脱救助者的角色，转而成为服务对象的同行者，积极挖掘居民潜藏的资源和智慧，增强灾民的自尊心、自信心及责任感，培养灾民的抗逆力。

第三，要加强灾害社会工作研究，不断提高社会工作者的专业素养，培养更多的社会工作专业人才。这要求深入探讨灾害社会工作的历史发展脉络、国内外灾害社会工作的运行机制及其效果，建立一套优质、高效并符合我国本土化的灾害社会工作理论基础和方法体系。

第六节　结论

广东省珠江三角洲地区是社会工作发展较早也较好的地区，社会工作在帮助服务对象修复受损关系、提升发展能力、增强社会功能、走出生活困境方面具有独特的优势。中山市 X 镇的社区三防能力建设服务中心在 2017 年初就开始介入社区的台风防御工作，同年 8 月，三防服务中心在“天鸽”侵袭中山之后积极行动，在紧急救援和灾后重建中发挥了巨大作用。在介入台风防灾减灾救灾的过程中，社会工作者扮演了支持者、指导者、连接者、协调者及合作者的角色，在提供心理援助、整合社会资源、增强居民能力等方面功能显著。但是，由于目前社会工作尚未纳入国家防灾减灾救灾制度安排，这在一定程度上导致灾害社会工作遇到了身份尴尬的问题，影响了社会工作介入防灾减灾救灾工作的效能。因此，要为社会工作介入防灾减灾救灾体系创建有利政策环境；社会工作者要善于发掘居民的潜力；还要加强灾害社会工作研究，不断提高社会工作者的专业素养。

本章小结

我国是世界上遭受自然灾害严重的国家之一，频发的自然灾害对灾区社会造成重大破坏，给灾区人民带来巨大的经济损失、人身伤害和精神损害。2017 年 8 月 23 日，第 13 号台风“天鸽”在珠海市沿海地带登陆，紧邻珠海的中山市受到袭击，损失严重。

自然灾害在许多地方普遍存在，但灾害的损失却是可以控制的。人类从诞生之日起，就开始了与自然灾害的抗争。近年来，我国不断完善防灾减灾救灾体制机制。社会工作在防灾减灾救灾工作中展现出巨大的优势，成为灾害救助及灾后安置重建中一股不可小觑的力量。

本章的选题来自笔者的实际工作，在台风自然灾害侵袭中山市之后，笔者发现 X 镇的社会工作具有研究的价值，故以中山市 X 镇为研究对象。研究发现，在台风“天鸽”侵袭之后，三防服务中心参与了应急救援与灾后重建。在台风防御救灾中，社会工作者扮演了支持者、指导者、链接者、协调者的角色，在提供心理援助、整合社会资源、提升居民能力方面发挥了巨大作用。但是，在工作中出现了责任不清、部分居民产生抵触情绪等问题。因此，要提高灾害社会工作在台风防御救灾中的效能，还需要把社会工作正式纳入国家灾害救援体系，继续发掘居民的潜力。由于笔者收集到的信息不够全面，X 镇是否可以代表所有遭受台风灾害的地区，这个问题亦值得商榷。此外，X 镇的 7 个社区各具特点。因此，社会工作的介入方式也各不相同。不过，本研究可为进一步研究灾害社会工作提供参考。

参考文献

（一）著作类

［澳］彼德·康戴夫：《冲突事务管理理论与实践》，何云峰等译，上海世界图书出版公司1998年版。

［美］丹尼思·塞利比：《优势视角——社会工作实践的新模式》，李亚文、杜立婕译，华东理工大学出版社2004年版。

风笑天：《社会学研究方法》，中国人民大学出版社2005年版。

范志海、阎更法：《社会工作行政》，华东理工大学出版社2004年版。

何雪松：《社会工作理论》，上海人民出版社2007年版。

廖建新：《中华民族共同体意识下文化模式研究——以金沙江畔为中心的社会组织的考察》，中国社会科学出版社2018年版。

廖建新、代峰：《社会问题教程》，江西人民出版社2018年版。

刘烨：《马斯洛的人本哲学》，内蒙古文化出版社2008年版。

民政部社会工作司主编：《灾害社会工作研究》，中国社会出版社2011年版。

宋林飞：《社会工作概论》，南京大学出版社1994年版。

［美］E. S. 萨瓦斯：《民营化与公私部门的伙伴关系》，周志忍译，中国人民大学出版社2002年版。

王思斌：《社会工作导论》，北京大学出版社2011年版。

王敬波：《城市管理与行政执法》，研究出版社2011年版。

王浦劬、［美］萨拉蒙等：《政府向社会组织购买公共服务研究——中国与全球经验分析》，北京大学出版社2010年版。

夏建中主编：《社区工作》，中国人民大学出版社2015年版。

徐林：《花园城市的管与治：新加坡城市管理的理念与实践》，中国社会科学出版社2016年版。

周琴、卢晓慧、胡宜：《在希望的田野上——江西师范大学万载农村社会工作案例精选》，中国社会出版社2012年版。

朱眉华、文军：《社会实务工作手册》，社会科学文献出版社2006年版。

张雄：《个案社会工作》，华东理工大学出版社2006年版。

张和清主编：《灾害社会工作》，社会科学文献出版社2011年版。

张洋、吕斌、张纯：《可持续城市防灾减灾与城市规划——概念与国际经验》，科学出版社2012年版。

（二）期刊类

柴定红、周琴：《我国灾害救援社会工作研究的现状及反思》，《江西社会科学》2013年第3期。

崔修滨：《浅析和谐社会建设中城管执法的困境与对策》，《法制与社会》2012年第6期。

陈树强：《增权：社会工作理论与实践的新视角》，《社会学研究》2003年第5期。

蔡克蒙：《中国城管能从外国学习哪些经验》，《法学》2010年第10期。

董云芳：《政府购买社会工作服务发展初期的困境与突破——对J市的质性研究与思考》，《华东理工大学学报》（社会科学版）2013年第3期。

高万红：《增能视角下的流动人口社会工作实践探索——以昆明Y社区流动人口社区综合服务实践为例》，《华东理工大学学报》（社会科学版）2011年第1期。

费梅苹：《政府购买社会工作服务中的基层政社关系研究》，《社会科学》2014 年第 6 期。

范斌：《灾后社会重建：社会工作的行动基础及专业成长》，《华东理工大学学报》（社会科学版）2011 年第 6 期。

黄宗智、龚为纲、高原：《“项目制”的运作机制和效果是“合理化”吗?》，《开放时代》2014 年第 5 期。

刘磊：《街头政治的形成：城管执法困境之分析》，《法学家》2015 年第 4 期。

刘明厚：《以人为本视角下的城市摊贩治理策略》，《上海城市管理》2012 年第 5 期。

李娟：《日本的防灾抗灾机制与灾害救助中的社会工作》，《社会工作》2010 年第 10 期。

李青霞：《家庭系统理论视角下失独家庭困境及社会工作介入策略》，《理论观察》2016 年第 9 期。

邵青：《民办社工机构承接政府购买服务：实践、困境与创新》，《求实》2012 年第 4 期。

孙健、王玉明：《政府向 NGO 购买社工服务的实践探索——基于广州市荔湾区丰源街的案例》，《探究》2014 年第 4 期。

唐咏：《从社会福利社会化视角思考政府购买社工服务的行为》，《社会工作》2010 年第 3 期。

唐斌：《社会工作机构与政府组织的相互嵌入及其影响》，《社会工作》2010 年第 7 期。

王思斌：《中国本土社会工作实践片论》，《江苏社会科学》2010 年第 1 期。

王思斌：《社会工作在创新社会治理体系中的地位和作用——一种基础—服务型社会治理》，《社会工作》2014 年第 1 期。

吴越菲、文军：《从社区导向到社区为本：重构灾害社会工作服务模式》，《华东师范大学学报》（哲学社会科学版）2016 年第 3 期。

文军、吴越菲：《灾害社会工作的实践及反思——以云南鲁甸地震灾区社工整合服务为例》，《中国社会科学》2015 年第 9 期。

韦克难、黄玉浓、张琼文：《汶川地震灾后社会工作介入模式探讨》，《社会工作》2013 年第 1 期。

韦仕川、杨杨、栾乔林：《美国地质灾害防治的经验总结及启示——灾害防治的“规划软措施”》，《灾害学》2014 年第 3 期。

徐选国、周小燕：《国内外灾害社会工作：实践、经验与启示》，《社会福利》（理论版）2013 年第 11 期。

谢志强、黄磊：《现代城市管理不能“一刀切”》，《人民论坛》2017 年第 3 期。

姚金丹：《社会工作增能视角下失独家庭的分析》，《社会工作》2012 年第 10 期。

杨发祥、何雪松：《灾后社会重建中的社工介入：理念、目标与方法——基于四川省都江堰 Q 安置点的实证研究》，《甘肃社会科学》2010 年第 3 期。

邹鹰、杨芳勇、程激清、陈建平：《“三社联动”社会工作专业主体性建构研究——基于江西的经验》，《社会工作》2015 年第 6 期。

张兴杰、肖小霞、张开云：《政府购买社会工作服务：实践检视与未来政策选项》，《浙江学刊》2013 年第 5 期。

周利敏：《大陆灾害社会工作实务反思与本土化启示——基于四川“5·12”大地震以来的实务经验》，《广州大学学报》（社会科学版）2014 年第 6 期。

赵罗英：《社会工作理论与实务的“优势视角”模式》，《国际关系学院学报》2010 年第 2 期。

张粉霞、张昱：《化危机为转机：国际灾害社会工作研究综述》，《社会工作》2014 年第 1 期。

R. Paul Battaglio, Jr. and Jremoe S. Legge, Jr. Self - Interest, Ideological/Symbolic Politics, and Citizen Characteristic: A Cross - National Analysis of Support for Privatization, *Public Administration Review*, 2010

（4）.

（三）学位论文

陈奇亮：《农业自然灾害社会脆弱性评价与管理》，博士学位论文，西南大学，2017 年。

陈为雷：《社会服务项目制的建构及效应分析》，硕士学位论文，南开大学，2013 年。

陈芳：《城市管理综合执法矛盾及其对策研究》，硕士学位论文，南京大学，2016 年。

蔡慧：《我国政府购买社工服务的实践研究与反思——以广州明镜社工服务中心的项目购买为例》，硕士学位论文，南京大学，2013 年。

邓翡斐：《服刑人员未成年子女犯罪问题研究》，硕士学位论文，华东政法大学，2014 年。

郭辉：《三峡库区城市“公共安全空间单元”研究——基于灾害链视角》，博士学位论文，重庆大学，2016 年。

关莲莲：《城市社区空巢老人社会支持研究——以济南市为例》，硕士学位论文，华中师范大学，2012 年。

贺静：《政府购买社会工作服务运营模式的研究——以深圳市为例》，硕士学位论文，中国青年政治学院，2012 年。

李卉：《T 机构服刑人员未成年子女的需求调查及救助模式的探索》，硕士学位论文，中国社会科学院，2012 年。

刘俊宜：《中国城市综合管理立法研究》，博士学位论文，重庆大学，2017 年。

梅峰：《临床心理学视野下的新入监服刑人员心理评估及干预策略研究》，博士学位论文，南京中医药大学，2012 年。

任坤慧：《服刑人员未成年子女救助问题探析》，硕士学位论文，苏州大学，2016 年。

沈晨：《关于社会工作介入服刑人员未成年子女救助的研究——

以北京市太阳村为例》，硕士学位论文，吉林大学，2012 年。

徐云辉：《中国公益性岗位制度运行困境研究》，博士学位论文，吉林大学，2019 年。

杨帆：《我国监狱服刑人员权利研究》，博士学位论文，武汉大学，2012 年。

闫红丽：《服刑人员未成年子女社会救助政策研究》，硕士学位论文，西北农林科技大学，2015 年。

张美伦：《服刑人员未成年子女行为偏差的社会工作介入探析——以 C 市太阳村儿童为例》，硕士学位论文，吉林大学，2015 年。

《阿南德·尤道诺的演讲稿》，亚洲摊贩国际研讨会，2004 年 10 月。

后　　记

本书是江西省高校人文社会科学研究 2017 年度项目“全面依法治国视域下赣南人口较少民族的社会矛盾化解纠纷机制研究”（项目批准号：MZ17101）的研究成果，江西师范大学马克思主义学院为本书的出版给予了充分的支持，在此我表示衷心的感谢！

2006—2009 年，我在中山大学攻读人类学专业博士学位研究生，毕业后，供职于江西师范大学政法学院社会学系、马克思主义学院，为本科生讲授《社会工作实务》《社会调查研究方法》《政治社会学》《思想道德修养与法律基础》，为研究生讲授《社区矫正》，为博士生讲授《依法治国与依宪治国》，曾指导学生在江西万载、丰城、樟树的社会工作机构毕业实习，其间，很想出版一部社会工作实务方面的著作，但因研究不够深入难以如愿。本书在我指导的研究生王新平、刘东龙、郑婷婷及黄鸿强的积极参与下，终于与读者见面了，这不仅是我的心愿的实现，更是为中国社会工作事业的发展贡献了一份力量。在此，谨向四位研究生和中国社会科学出版社表示由衷的感谢！

值得着重一提的是，在研究过程中，江西省社会工作协会、广东省广州白云恒福社会工作服务社、浙江省温州市乐清市综合执法局、广东省中山市水利所分别为我的研究生提供了诸多帮助，本书的四章得以完成。谨致诚挚谢意！

本书出版前夕，贤内助黄梅及即将奔赴国内双一流大学攻读硕士和博士学位研究生的女儿廖婧分别为本书的篇章结构和图表绘制付出了辛勤劳动，聪明可爱的儿子廖宏睿对我出书的热情支持，为本书的出版增添了助力；江西师范大学研究生和本科生徐楚霞、苏志权、隋宏露、代敏、叶晨等人在文字校对和参考文献核对方面提供了帮助，谨表衷心谢忱！

尽管本书的出版凝聚着上述亲人和学界友人的支持和帮助，但终因时间仓促和作者水平所限，错误和缺陷在所难免，恳请读者批评指正！

“老骥伏枥，志在千里；烈士暮年，壮心不已。”衷心祝愿我国的社会工作事业明天更加辉煌！

作者

2019 年 10 月于南昌市“健康家园”小书斋